¿Y A TI QUÉ TE MOTIVA?

El camino de la automotivación

Olga Cañizares
Cristina Miaja

¿Y A TI QUÉ TE MOTIVA?

El camino de la automotivación

Desclée De Brouwer

© EDITORIAL DESCLÉE DE BROUWER S. A., 2025
Henao, 6 – 48009 Bilbao
www.edesclee.com
info@edesclee.com

Printed in Spain
ISBN: 978-84-330-3950-7
Depósito Legal: BI-414-2025
Impresión: Grafo S. A. - Basauri

ÍNDICE

PRÓLOGO

Si la motivación es demasiado importante para dejarla en manos de otros, no resulta sencillo que se mantenga en las nuestras. Añadir algo acerca de la automotivación, necesita altas dosis de ella. Se ha dicho y escrito mucho, sin lograr ni pretender una conclusión que permita cerrar un tema en constante actualización. Con este manual, recorreremos la larga tradición de reflexión que, desde los clásicos, ha interesado al ser humano, hasta llegar al siglo XXI, con una versión a menudo muy instrumentalizada de la motivación. Esto explica en parte lo poco que se comprende un parámetro tan relevante para el bienestar de cualquier persona. Si desde Epicteto se nos anima a cuidar nuestra motivación intrínseca, la que depende de nosotros, no es fácil dar con los mecanismos que permitan su activación y mantenimiento. Basta preguntar a nuestro alrededor acerca de los propósitos de año nuevo.

Esta lectura invita a entender lo central de la automotivación para las personas, pues si no hay comprensión no le daremos prioridad. A continuación buscaremos inspiración con referentes y, finalmente, propondremos aplicaciones prácticas. Hemos decidido sustituir el concepto de herramientas por el de prácticas, para vincular los ejercicios propuestos a una transformación más allá de la acción, y por entender que la automotivación necesita una experiencia vital insistente, paciente, que no puede alcanzarse con el uso puntual e instrumental de una herramienta. Todas las prácticas son propuestas originales, aunque inspiradas de nuestros maestros, y mejoradas en su diseño tras su aplicación a personas y equipos a lo largo de estos veinte últimos años.

Esperamos que disfrutes de la lectura y de los ejercicios prácticos, algo esencial para que te animes a trasladar a tu vida lo que aquí descubras.

AGRADECIMIENTOS

A Olga:

Desde el primer minuto de nuestra relación, he sentido el impulso de compartir más tiempo y experiencias de mi vida con Olga, tenerla cerca me motiva: me estimula, me enseña, me flexibiliza. Compartir la aventura de escribir juntas este libro ha sido un regalo, uno más, que suma a su inagotable y excepcional generosidad.

A todas las personas que, al permitirme acompañarlas en la comprensión de sus motivaciones han nutrido las mías.

A la filosofía, por las preguntas sin respuestas.

A Luka.

A Cristina:

A Cristina, por inspirar siempre mi motivación. Por haberme dado la mano de su amistad y tocado mi corazón con ella. Por dejarme aprender de ella, por enseñarme a cuestionármelo todo. Por aceptar la invitación de escribir este libro conmigo. Por regalarme las vistas al mar desde su terraza mientras escribo este agradecimiento.

A Olga Castanyer:

A Olga, por estar siempre dispuesta a leer mis libros. Por su amistad asertiva y tantas horas compartiendo nuestras vidas.

Al Doctor Iván Ballesteros:

Por el acompañamiento durante todos estos años para revisar y profundizar en los planteamientos neurobiológicos de las emociones y por su supervisión del capítulo de Neurociencia de este libro.

A mis alumnos:

A mis alumnos por retarme permanentemente a seguir aportando. Por ser una fuente de aprendizaje y por toda la emoción que me produce observar su desarrollo.

A mis maestros:

A mis maestros, a los que sería imposible enumerar porque son infinitos, y porque cada día aparecen nuevos, y sé que seguirá siendo así si quiero continuar aprendiendo.

A mis hijos y mis nuevas hijas:

A mis hijos y mis nuevas hijas: Miguel, Jesús, Ara y Ana. Porque son la gran fuente de motivación de mi vida. A ellos, porque me regalan cada día la experiencia de ser madre. A ellas, porque me ofrecen siempre la posibilidad de disfrutar de sus vidas con ellos.

POR QUÉ

He decidido ser feliz porque es bueno para la salud.

—Voltaire[1]

Introducción

El mundo existe gracias a nuestra experiencia de motivación. Sin su impulso, sin la curiosidad que alimenta, no nos habríamos alzado para pasar a ser bípedos que quieren ver el horizonte. Un mundo sin motivación sería un mundo sin progreso, sin desarrollo, sin esperanza. Ese impulso vital es el que desplaza las fronteras de los posibles, genera vidas plenas, organizaciones más creativas y, en definitiva, más humanas. Presente desde la infancia, está en nuestras manos, y en cómo vivamos el impacto de nuestro entorno, atizar su llama o dejar que se consuma.

Plantearemos aquí una gestión de nuestra motivación sin negar la imposibilidad de recorrer ese camino en algunos momentos de nuestras vidas, sin animar a la explotación de uno mismo para enfocarnos a objetivos impostados, con la voluntad de evitar caer en la

1. Voltaire, (París, 21 de noviembre de 1694-ibid., 30 de mayo de 1778), fue un escritor, historiador, filósofo y abogado francés (...) figura como uno de los principales representantes de la Ilustración..

instrumentalización de la motivación, que vendría a ser la instrumentalización de uno mismo. Parafraseando a Voltaire, creemos en la motivación porque es bueno para la salud. Para cumplir con nuestro afán de proponer sin empujar, es imprescindible asociar la motivación a una búsqueda genuina, personal, conectada con uno mismo. Ningún consumo rápido, enlatado, permitirá acceder a sus beneficios, solo generará mayor frustración y posiblemente un desgaste con riesgos de nihilismo. La motivación es, además, el mayor escudo antiestrés. Una voluntad orientada hacia su meta relativiza los obstáculos, crece con impedimentos que transforma en aprendizajes.

Con este libro también queremos cambiar las relaciones, a través de conversaciones que dejen de preguntar ¿y tú qué haces? por ¿Y a ti qué te motiva? Una pregunta tan poderosa que se ha convertido en el título de este libro. Así que nos vamos a atrever con una tesis: ser feliz –en un sentido personal, lo que para cada uno suponga– es un ejercicio motivacional. Por lo tanto, aquí no te vas a encontrar con una receta de soluciones enlatadas, sino con un camino para las tuyas. Nos centraremos en estrategias y comportamientos activos para favorecer y nutrir las motivaciones diversas y cambiantes de las personas, porque la felicidad es cosa íntima, demasiado importante para dejarla en manos de desconocidos o del destino.

Nuestra propuesta es poner el foco en hacernos cargo de esa llama interior que enciende la voluntad, cuidar la motivación en un acto consciente. Escuchemos a Séneca: "no es que tengamos poco tiempo, sino que perdemos mucho", sugiriendo que en nuestras elecciones diarias y en la administración de nuestro tiempo y energía reside la clave. La motivación se abre como un camino hacia la autenticidad, recordándonos que la verdadera libertad se encuentra en la capacidad de dirigir nuestras acciones hacia metas que nos resuenen. En este viaje nos convertimos en arquitectos de nuestro destino, forjando la senda hacia una existencia en la que la motivación es la expresión más pura de nuestra voluntad interna y de un proyecto de vida que asumimos responsablemente no como opción, sino como la única alternativa aceptable.

Una propuesta de recorrido por diferentes perspectivas

Vamos a empezar por el principio: una definición de la motivación y a continuación una más específica de lo que aquí nos ocupa, la automotivación.

El término "motivación" tiene sus raíces en la palabra latina "motivus" que significa "movimiento" o "causa del movimiento". La motivación se refiere a los impulsos o fuerzas que mueven a una persona hacia la acción o el logro de objetivos.

Antes que nada, podríamos preguntarnos: ¿por qué decimos motivación cuando hablamos de deseo? Esa energía vital que todos experimentamos, ya sea con el nombre de apetito aristotélico, conatus spinoziano, pulsión freudiana o *likes* twiteros. Admitamos, pues, nuestra "naturaleza deseosa" y su confrontación con la realidad. Gracias a ellas tomamos consciencia, o no, del *gap* entre nuestros deseos y la realidad.

La motivación no deja de ser eso que orienta nuestra vida, se traduce en metas, hitos, orientaciones cotidianas o más existenciales. Nuestro GPS humano nos permite tomar decisiones que nos acercan a lo que queremos conseguir. Vamos buscando los caminos que nos lleven a nuestros objetivos, que a veces vemos alejarse, reformularse o abandonarse por las experiencias de placer y dolor, por las diferentes vicisitudes que van surgiendo en el recorrido. Nuestras emociones, valiosas aliadas de nuestra motivación, no siempre dejan paso a las funciones cognitivas que permiten su regulación gestionando los impulsos más primarios para seguir con el foco en los objetivos.

Las emociones son un sistema de alerta, una reacción directa en el contraste entre nuestros deseos y la realidad. Son una guía de introspección acerca de nuestras prioridades y valores, una fuente de reconsideración de las mismas y un potencial de refuerzo para nuestras motivaciones. Es importante prestarles atención y elucidar contradicciones aparentes, porque entenderemos mejor que, aun habiendo tomado la decisión racional, no acabemos de ponernos en acción y nuestra energía se vea frenada por el miedo o la tristeza.

En este manual abordaremos desde las teorías de la X e Y, de Douglas McGregor[2], hasta teorías más contemporáneas, como la de la autodeterminación o la de la motivación por metas, seleccionando y ampliando las que consideramos de mayor interés.

En este viaje por el fascinante mundo de la motivación, hemos explorado sus diversas manifestaciones, la conexión entre nuestras emociones, nuestros deseos y la realidad, revelando la complejidad de este proceso que da forma a nuestras vidas.

Ahora nos adentraremos en una práctica clásica, una filosofía que ha resistido el paso del tiempo y sigue iluminando el camino de aquellos que buscan la automotivación vital: el estoicismo. Ésta no solo nos ofrece herramientas para enfrentar desafíos y adversidades, sino que también nos invita a reflexionar sobre nuestras metas personales y profesionales, conectando con nuestras verdaderas motivaciones.

Así que, prepárate para explorar cómo el estoicismo puede convertirse en una poderosa fuente de automotivación en tu vida. Descubriremos juntos cómo esta práctica puede proporcionarnos inspiración para mantenernos firmes en nuestros objetivos, incluso en los momentos más difíciles.

Bienvenido a un nuevo capítulo en tu viaje hacia una vida motivada y significativa.

¡Vamos a descubrir juntos los secretos de la automotivación estoica!

2. La teoría X y la teoría Y, definidas por Douglas McGregor, en la década de 1960 en la MIT Sloan School of Management, describen dos formas de pensamiento a las que denominó contrapuestas: en la primera se considera que sólo se actúa bajo amenaza, y en la segunda que las personas quieren y necesitan trabajar.

El origen clásico de un tema de actualidad

Una práctica clásica: el estoicismo como automotivación vital

Para abordar el "por qué" de la motivación, acudiremos a la sabiduría acumulada en nuestra historia y más específicamente al estoicismo clásico, que hoy goza de un renovado protagonismo.

Epicteto es la gran referencia y hasta el final de la Antigüedad será un modelo para los filósofos y muy probablemente para el emperador Marco Aurelio que, antes de serlo y guiado por su mentor, habría tenido acceso indirecto a sus textos, hoy desaparecidos. El pensamiento de Epicteto podría quedar sintetizado en una lógica de la acción: "Lo que depende de ti es aceptar lo que no depende de ti", nos enseña que lo que esté sujeto a nuestra elección está en nuestro poder y, por lo tanto, es una potencialidad de acción, de cambio, de motivación.

El estoicismo es una doctrina que conlleva centrarse en una primera toma de consciencia para abandonar la queja o pasividad sobre el destino y asumir la responsabilidad acerca de lo que sí puede cambiarse, una anticipación existencialista que Simone de Beauvoir resumiría más tarde: "Una vida solo se justifica si su esfuerzo por perpetuarse se integra en su propia superación".

El estoicismo podría considerarse el primer sistema filosófico para la automotivación. Se presenta como tal y promueve su aplicación práctica a través de la observación, la orientación y la sistematización de hábitos, es decir, a través del cuidado de la propia motivación. Permite una orientación en la vida cotidiana donde prima la intención moral, no el resultado. Esto representa una distinción importante: uno actúa guiado por la claridad de su motivación independientemente del éxito que genere.

Las actitudes estoicas fundamentales implican delimitar el alcance de nuestra libertad con una autonomía inexpugnable en su centro, en palabras de Epicteto: "Lo que perturba a los hombres no son las cosas, sino sus juicios acerca de las cosas". La ética se convierte en expresión de libertad y la acción en compromiso prioritario.

Para los estoicos, la esencia del hombre está en la razón, principio de libertad, en el poder de decisión impulsado por la disposición, por el discurso interior, es decir, por la motivación. Con esa disciplina de la acción dotada de racionalidad, el estoicismo se aleja de la acción por la acción. Esta se reconoce legítima cuando se somete a la consciencia, supone una comprensión de quien actúa, de su nobleza en la intención. De esta forma, surge un poder de exaltación sereno, la vivencia de una movilización genuina, conectada e integrada. Con esa visión y disciplina se logra la confianza sin garantía, un camino que seguir por buenas razones, pero sin tener nunca asegurados sus resultados. Uno se mantiene así en constante alerta, en atención plena de cada instante, en contacto con sus pensamientos. Sin dejarse desestabilizar, la voluntad de acción es firme y perseverante, el acto no es un fin en sí.

El estoicismo no es una doctrina del éxito, un término de inconcebible traducción con la distancia histórica. Séneca nos alerta desde sus cartas a Lucilio: "(…) concibo buenas esperanzas de ti; no corras, no cambies frecuentemente de lugar. Esta agitación solamente es propia de ánimos enfermos". Un mensaje para nuestra automotivación: para recoger sus frutos no hay que abandonar antes de la cosecha. En una sociedad impaciente, adicta al consumo aplicado al desarrollo personal, puede ser que autodiagnosticarse desmotivado sea sencillamente una precipitación.

La automotivación se podría pensar como una disciplina que genere un bucle de esfuerzo y voluntad hasta su transformación en nuevos hábitos. Al asumir la responsabilidad de nuestra propia motivación, ampliamos el alcance de nuestra libertad y entendemos la disciplina como una herramienta para nuestra autonomía.

La motivación nos invita a hacernos cargo de nuestra propia vida con el tesón que esta supone y a pesar de esta, de sus dificultades y sus sombras, como el acto de valentía que se nos supone por nuestra humana condición.

En los clásicos, estos ejercicios tienen por objetivo realizar la transformación de la visión de nosotros mismos, del mundo. No se trata simplemente de un conjunto de reglas de comportamiento, sino de una forma de ser. Son una invitación a domesticar nuestra fuerza interna, autónoma, autogenerada. Podría acercarse al concepto biológico de autopoiesis[3] que recoge la capacidad de los sistemas de autorregularse, en un equilibrio en permanente tensión, una necesidad de honrar la propia conservación y a la vez aceptar fluir con el entorno.

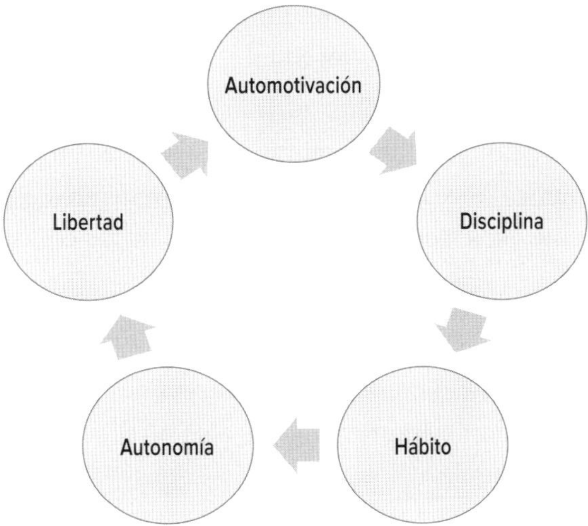

Figura 1. Bucle automotivacional.
Imagen propia: Cristina Miaja

En conclusión, la automotivación es una forma de cuidado. En el siguiente capítulo, buscaremos inspiración en referentes que supieron llevarlo a la práctica.

3. Una descripción breve sería decir que la autopoiesis es la condición de existencia de los seres vivos en la continua producción de sí mismos. .

Un primer referente: Marco Aurelio, la práctica de la automotivación imperial

Marco Aurelio (121-180) fue nombrado César con dieciocho años. Con treinta y nueve, , se convirtió en Emperador de una Roma que iniciaba su decadencia, acelerada por guerras continuas, catástrofes naturales y una devastadora epidemia de peste que recorrió el mediterráneo y, probablemente, mató a una cuarta parte de la población. Un contexto que, desgraciadamente, imaginamos fácilmente en esta época de pospandemia y que parece haber forjado su carácter, alimentado su introspección y agrandado su leyenda.

Desde niño, Marco Aurelio, durmió en el suelo siguiendo la simplicidad de vida de los Lacedemonios de Esparta. Importaba la rectitud, la simplicidad y la necesidad constante de no alejarse de una vida coherente. Nos alerta de la exterioridad de las cosas:

> "No tienen ningún acceso al alma"[4], la vida es la búsqueda y construcción de una ciudadela interior, "sé cómo un promontorio contra el cual vienen a estrellarse continuamente las olas del mar: siempre inmóvil, a su alrededor la furia se hace impotente"[5].

Nos anima a construir un atalaya de libertad inexpugnable que necesita del esfuerzo de cada momento para no dejarse arrastrar, invadir, y que sirve de consuelo, de refugio, ante los avatares de la vida.

El ejercicio supone una disciplina del asentimiento, un esfuerzo para estar en constante suspensión del juicio, una práctica del límite que depende estrictamente de nosotros. La consciencia permite elevarnos por encima del destino, el foco es uno mismo y el presente, ni los otros, ni el pasado ni el futuro tienen acceso a nuestra Ciudadela.

4. Meditaciones, IV, 3.
5. Meditaciones, V, 10.

Esa fortaleza interior es un bastión muy presente en las reflexiones de Marco Aurelio, los acontecimientos son solo exterioridad, uno mismo es inconquistable. Uno ha de practicar como una ascesis personal, liberándose de prejuicios para descubrir otra manera de pensar. Las Meditaciones son una guía de lectura muy recomendable que facilita ese diálogo interior.

La vinculación a un ejercicio práctico, un ejercicio sobre uno mismo, es crucial. La comprensión teórica es insuficiente, debe transformar en lo más profundo.

Un mindset para el siglo XXI

Los estoicos han puesto especial énfasis en buscar los ejercicios adecuados para trabajar la automotivación. No son simples juegos mentales: intervienen la imaginación y la sensibilidad, y llevan a una transformación de la visión del mundo. Hoy se hablaría de cambio de *mindset*. No son un mero código de buena conducta con acciones a emprender o evitar, sino de una forma de dotarnos de nuevas gafas para relacionarnos con nosotros mismos y con el mundo.

La automotivación es un camino con dificultades y ritmos que nunca es tarde emprender y que lleva a una vida de aprendizaje. Los ejercicios son una práctica para la apropiación de nuestros pensamientos y de nuestras conductas, un esfuerzo para abandonar falsos apegos que ocultan lo verdaderamente importante.

Del estoicismo aprendemos la importancia del autoconocimiento a través de la reflexión consciente. Esta debe darse por la mañana, para prepararse a las obligaciones del día y por la noche, para examinar lo ocurrido en la jornada. No solo sirve para medir la distancia entre la práctica cotidiana y una real sabiduría, también reaviva los principios rectores de la acción, exige temple y supone un cuestionamiento constante. No basta con el convencimiento teórico, la vida diaria debe ser su lugar de práctica. Epicteto compara su filosofía con los instrumentos de los médicos: deben estar cerca para su uso en cualquier momento, conocimiento y acción van de la mano.

Sin comprensión de nuestras propias palancas motivacionales, todo es más difícil. No hay conocimiento de uno mismo sin acercamiento a nuestro deseo íntimo: qué es lo que nos mueve, lo que nos moviliza, lo que nos permite contribuir a crear un mundo con mayores potencialidades.

El estoicismo nos invita a seguir el camino iniciado por sus fundadores, el del trabajo personal e interno, alertas al peligro de depositar su vida en manos de lo externo.

Práctica: Meditaciones

Objetivo: Desarrollar la autoconsciencia

El hábito de un diario es una práctica estoica, *Las Meditaciones* de Marco Aurelio son el ejemplo paradigmático. Empieza con alguna de estas opciones y libérate de ellas cuando sientas que es tu momento para seguir escribiendo a tu antojo.

Opción 1: Escribe libremente sobre cómo ha sido tu día. Reflexiona acerca de cómo te has relacionado con lo que ha sucedido. Fíjate en el ejemplo, no te apegues a los hechos, sino a tu experiencia vital. Dedícale el tiempo que te apetezca, sin presión de longitud ni estilo, luego haz una lectura en voz alta.

Ejemplo: *Hoy me desperté con ilusión, era mi primer día de trabajo en la universidad. Pero, enseguida, empecé a sentirme nerviosa y asustada. Creo que es un patrón, en cuanto algo me apetece mucho, se convierte en un agobio. Me estresa perderlo o no conseguirlo.*

Opción 2: Escribe unas líneas que empiecen por:

"Hoy lo que más me ha motivado…".

La motivación: un asunto biopsicosociocultural

Hay que estar dispuestos a reinventarse constantemente, sin renunciar a la memoria[6]. *Tampoco podemos ignorar por más tiempo disciplinas como la Neurofisiología del conocimiento, de la emocionalidad, del vínculo y de la relacionalidad social, y el fundamental papel que tienen las hormonas en nuestra biopsicosocioculturalidad.*

—Dra. Eugenia Ramírez Goicoechea

Con la Neurociencia se actualiza todo este conocimiento clásico, que tanto nos recuerda una reflexión central para la Humanidad desde sus albores. Hoy la Neurociencia aporta fundamentos científicos y criterios contrastados de incuestionable validez para ampliar nuestra capacidad de acción a través de la automotivación.

De esta forma, nos pusimos el reto de describir, de manera sencilla y rigurosa, los aspectos neurobiológicos, y por tanto tangibles, que suceden cuando nos sentimos motivados, cuando desarrollamos esta competencia de automotivación. El afán de este capítulo es que, de la misma manera que sabemos que si bebemos regulamos nuestra hidratación, abramos una vía de aprendizaje actualizando lo que hoy sabemos.

Erich Richard Kandel[7], premio Nobel de medicina en el año 2000, afirmó que, además de los estados instintivos elementales que entran en juego para solucionar las necesidades más fisiológicas (como el hambre, la sed o la regulación de la temperatura), existen otro tipo de estados más complejos, que entran en juego por aspiraciones personales o sociales. También señala que este tipo de estudios neurobiológi-

6. Ramírez Goicoechea, Eugenia Phd - Antropología Social. La Dra. Ramírez Goicoechea es Doctora por la Universidad Complutense de Madrid en el departamento de Antropología Social y Cultural de la Facultad de Filosofía.
7. Eric Richard Kandel (1929) Científico estadounidense de procedencia austriaca especialista en Neurociencia y Neurofisiología. Premio Nobel de Fisiología o Medicina años 2000.

cos de los estados de motivación están aún en sus comienzos. De ahí que, por nuestra parte, sabemos que es difícil aportar mucho más que:

- asumir que un comportamiento provocado por la automotivación es una respuesta biológica activada hacia el logro de metas o hacia la satisfacción de alguna necesidad,
- destacar el importante papel que juegan algunos neurotransmisores,
- reconocer cómo influimos en que las conexiones neurales se fortalezcan o debiliten en nuestro cerebro con la automotivación.

Tres aspectos que se convierten en algunas de las claves que debemos considerar en el establecimiento de metas y consecución de objetivos personales y/o profesionales.

Cuando hablamos de automotivación, hablamos de un proceso. Implica que tengamos metas, requiere de nuestra actividad física y/o mental, y nos mantiene en una actividad decidida y sostenida en el tiempo.

En este proceso, observamos nuestros comportamientos y nos autoevaluamos en función de si hemos conseguido o no nuestros objetivos. Si el resultado ha sido positivo, nos sentimos eficaces. Esa sensación de autoeficacia nutre nuestra autoestima y se constituye como palanca para la búsqueda de nuevas metas. Cuando tenemos baja autoestima, solemos pensar que nuestros éxitos se deben a factores externos, incluso a la suerte, y que nuestros fracasos son consecuencia de factores internos, como una posible baja capacidad. Cuando tenemos una autoestima alta, creemos que nuestros éxitos se deben a nuestras capacidades, a nuestro esfuerzo, mientras que atribuimos los fracasos a la falta de empeño o dedicación.

Para alcanzar nuestras metas, es necesario coordinar y secuenciar los comportamientos clave, y para ello se ponen en marcha algunas estructuras cerebrales. El **sistema límbico**, y en particular el **hipotálamo**, son los grandes protagonistas en el proceso de motivación debido a su relación con la regulación de las emociones y los estados fisiológicos.

Es importante comprender que el sistema límbico no es exactamente un área anatómicamente exacta del cerebro. Se trata de una red de neuronas que se mezclan entre muchas estructuras diferentes. Por tanto, es la función de estas zonas lo que debemos tener en cuenta y no tanto su naturaleza como un área bien definida del cerebro.

El hipotálamo, situado en la base del cerebro, cerca de la glándula pituitaria (o hipófisis), tiene un rol fundamental en nuestra supervivencia, ya que regula funciones como la temperatura corporal, el hambre, los estados de ánimo, la liberación de hormonas de diversas glándulas (como la hipófisis, que libera la TSH, u hormona estimulante del tiroides), la libido, el sueño, la sed y la frecuencia cardíaca. Además, es el encargado de coordinar y comunicar las neuronas y las hormonas (neurotransmisores) en el proceso de motivación.

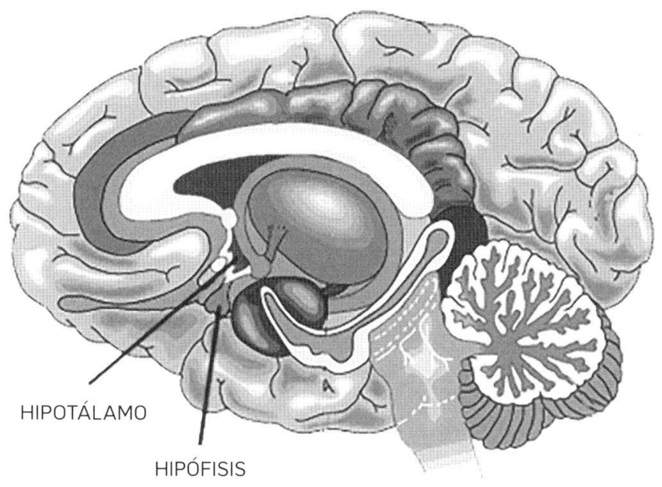

Figura 2.

Fotografía: https://psicologiaymente.com/neurociencias/hipotalamo.

Digamos que actúa de puente entre el cerebro y el sistema endocrino[8]. Coordina y envía todas las órdenes necesarias a otras partes del cuerpo para que estas se adapten a cada situación. Cruza los datos e impulsos que le llegan del sistema nervioso con los que obtiene sobre la cantidad y el tipo de las hormonas que se encuentran circulando por la sangre y de esta forma garantiza nuestra supervivencia y activa las acciones necesarias para conseguir lo que queremos.

CÉLULAS DEL SISTEMA NERVIOSO

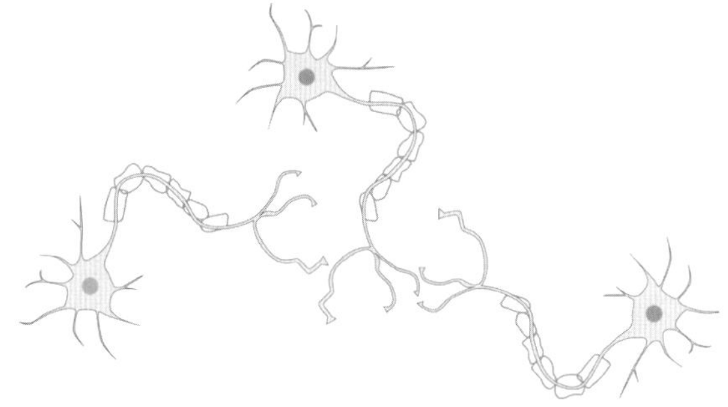

VASO SANGUÍNEO Y HORMONAS (Neurotransmisores)

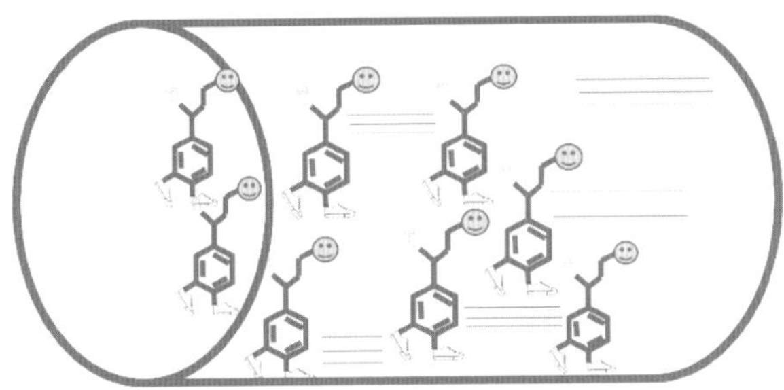

Figura 3.

Imagen propia: Olga Cañizares.

8. Glándulas y órganos que elaboran hormonas y las liberan directamente en la sangre de manera que llegan a los tejidos y órganos de todo el cuerpo. Estas hormonas controlan muchas funciones importantes en el cuerpo, como el crecimiento y el desarrollo, el metabolismo, la reproducción o la motivación.

La activación de unas u otras hormonas influirá directamente en nuestros estados de ánimo y en nuestros comportamientos, ya que son sustancias químicas que se producen en distintos lugares de nuestro cuerpo y actúan como una especie de mensajeros cuando llegan a determinados órganos o tejidos, donde influyen en su funcionamiento. Por lo tanto, regulan la actividad celular de todo nuestro organismo.

Existen más de 65 tipos diferentes de hormonas, pero vamos a centrarnos en aquellas que tienen mayor influencia en el proceso de motivación: la dopamina, la adrenalina y la serotonina.

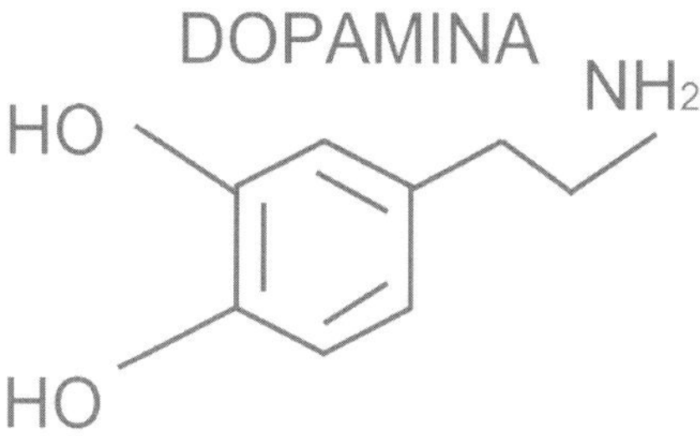

Figura 4.

Imagen propia: Olga Cañizares.

Dopamina: Se libera cuando el estímulo externo que percibimos llega al núcleo accumbens[9] (donde reside la función del circuito del placer o premio-recompensa) y es percibido como una posible fuente de placer o recompensa. La dopamina entonces se comporta como una especie de "chispa" que nos pone en marcha y nos empuja a la acción. Nos despierta el deseo de conseguir algo, ya sea de manera

9. Región de nuestro cerebro que se encarga de clasificar las sensaciones que percibimos. Es la que nos dice si nos encontramos ante una sensación positiva o negativa, como el placer, la recompensa o el castigo.

inmediata o un objetivo a largo plazo (meta o satisfacción de una necesidad). Es importante tener en cuenta que la dopamina genera optimismo, ilusión, entusiasmo y otras emociones que, si no son bien gestionadas, pueden dificultar la percepción objetiva de la realidad.

Es uno de los muchos neurotransmisores que utilizan las neuronas para comunicarse entre sí y es una sustancia que, además de producirse en nuestro organismo, puede ser sintetizado en laboratorios.

Se encuentra distribuida en diferentes regiones de nuestro cerebro y en cada zona desempeña un papel diferente. Su correcta distribución es fundamental para llevar a cabo múltiples funciones.

Veamos algunas en las que juega un papel esencial:

- **Satisfacción personal.** Diversos estudios han demostrado que cuando nos sentimos satisfechos con nuestras vidas y estamos contentos con nuestro autoconcepto, mantenemos activada una dosis adecuada de dopamina.
- **Emociones fuertes.** En personas que disfrutan de situaciones de riesgo, como los deportes extremos, se pueden identificar mayores niveles de dopamina en algunas regiones cerebrales.
- **Consumo de drogas.** Las drogas estimulan la sensación de recompensa de una forma muy intensa y rápida. Dado que la dopamina está asociada al placer y a la satisfacción, el cerebro interpreta el consumo de estas sustancias como generador de ese placer. Además, niveles bajos de dopamina podrían estar relacionados con una mayor predisposición a ciertas adicciones.
- **La memoria:** Un estudio liderado por investigadores del Consejo Superior de Investigaciones Científicas (CSIC) y el Centro de Investigación Biomédica en Red Enfermedades Neurodegenerativas (CIBERNED), en colaboración con la División de Neurociencias de la Universidad Pablo de Olavide, ha demostrado que la presencia de dopamina es imprescindible para modular

los cambios sinápticos[10] responsables de la adquisición y consolidación de la memoria[11].

La dopamina desempeña un papel clave en la regulación de los recuerdos. Un recuerdo puede difuminarse o permanecer en nuestra memoria dependiendo de si el hecho nos generó satisfacción o no. Este neurotransmisor activa el hipocampo para que retenga información satisfactoria; de lo contrario, el recuerdo no se almacenará.

- **Sentirnos enamorados.** Durante el enamoramiento se liberan varios neurotransmisores como la dopamina, la serotonina y la oxitocina. Este proceso químico genera emociones agradables y satisfactorias, que liberan dopamina y contribuyen a la sensación de placer característica de este estado.
- **Ser creativos:** Comúnmente se asume que el estado de ánimo positivo mejora la creatividad, y la dopamina interviene en esta relación facilitando las conexiones necesarias junto con la serotonina, para que se produzca el estado creativo.
- **La motivación.** En el proceso de motivación, la dopamina responde a las recompensas y nos estimula a buscarlas, actuando como un motor hacia nuestras metas.

Como podemos observar, este neurotransmisor forma parte de muchos de los comportamientos que necesitamos para sentirnos automotivados, por tanto, es de vital importancia que sus niveles estén equilibrados. Además de una salud mental adecuada, existen algunas rutinas conscientes que pueden ayudarnos a liberar dopamina:

1. Hacer listas y cumplir pequeñas tareas

10. Sinapsis: Impulso nervioso que se produce a través de las neuronas y que posibilita su comunicación.
11. Trabajo publicado en la Revista Cerebral Cortex Volumen 31, Issue 4 https://academic.oup.com/cercor/article/31/4/2187/6017456

2. Tener siempre un proyecto ilusionante
3. Hacer ejercicio físico
4. Ingerir alimentos con tirosina[12]: almendras, aguacates, plátano, chocolate, té verde, sandía, cúrcuma, manzana, frutos rojos
5. Escuchar música
6. Meditar
7. Reducir el consumo de azúcar, alcohol y cafeína

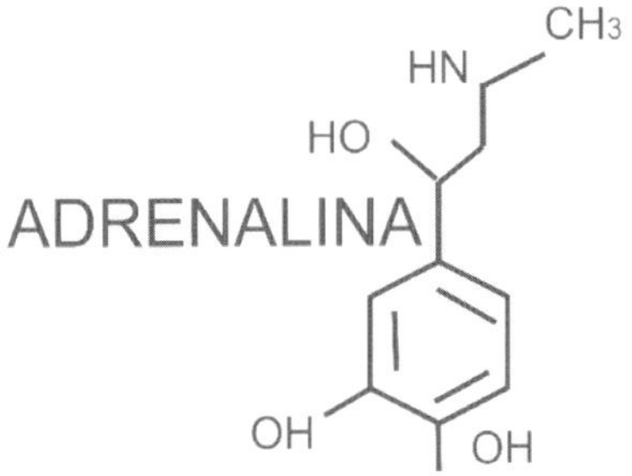

Figura 5.

Imagen propia: Olga Cañizares.

Adrenalina: La adrenalina baja los niveles de dopamina y nos permite ser más objetivos y realistas. Facilita la acción en el tiempo hasta lograr la recompensa deseada, satisfacer la meta o cubrir nuestra necesidad. Cuando hay un esfuerzo consciente y querido, interviene el sistema ejecutivo de nuestro cerebro racional y nos pone en marcha. No obstante, la adrenalina también está directamente relacionada con nuestro bienestar emocional. Su ausencia o niveles insuficientes pueden provocar síntomas como depresión, baja motivación y apatía, lo que dificulta mantenernos enfocados y activos hacia nuestras metas.

12. Aminoácido implicado en la liberación de dopamina y norepinefrina.

También conocida como epinefrina, la adrenalina se produce de forma natural a través de las glándulas suprarrenales, que están localizadas encima de los riñones. Liberamos adrenalina para poder enfrentarnos a situaciones de riesgo, de estrés, de alarma o peligro. Activa el sistema circulatorio, aumentando la tensión arterial, y mejora la capacidad del sistema respiratorio al dilatar los bronquios. Podemos decir que la adrenalina desencadena mecanismos de supervivencia que se ponen en marcha cuando percibimos peligro o cuando tenemos que reaccionar de manera rápida.

Cuando segregamos altas dosis de adrenalina, se desencadenan algunos procesos como la dilatación de las pupilas para que entre más luz y seamos más conscientes, o la dilatación de los vasos sanguíneos más relacionados con órganos vitales, que adquieren una mayor resistencia.

También se descompone el glucógeno[13], lo que hace que se concentre glucosa en sangre lista para ser quemada. En todo este proceso necesitamos que aumente el ritmo cardíaco para hacer frente a los esfuerzos necesarios. Al bombear más sangre, nuestros músculos están mejor abastecidos de oxígeno y, gracias también a la adrenalina, se aumenta el ritmo con el que inspiramos y expiramos, lo que ayuda a oxigenar la sangre y rendir más.

Estamos ante una sustancia polivalente. Además de todas las implicaciones en procesos fisiológicos, cumple la función de neurotransmisor y es una de las que más impacto tiene sobre nuestros comportamientos.

En el contexto de la motivación, juega un papel decisivo después de la acción inicial de la dopamina. Una vez que esta genera entusiasmo y deseo de recompensa, la adrenalina se activa para incrementar

13. Polisacárido de reserva energética en los animales. Se almacena en el hígado (10% de la masa hepática) y en los músculos (1% de la masa muscular) de los vertebrados. El glucógeno contenido en los músculos abastece de energía el proceso de contracción muscular.

la tensión y movilizar las áreas motoras del cerebro. Es gracias a este mecanismo que pasamos de la intención a la acción, acercándonos al logro de nuestras metas y recompensas.

La adrenalina y la dopamina actúan como un "combustible" que mantiene nuestra atención sostenida en nuestras tareas, eliminando la sensación de esfuerzo. Todo esto facilitará guardar la experiencia en nuestra memoria a largo plazo, alterando incluso nuestra percepción del tiempo, entrando en estado de *Flow*[14], convirtiendo el tiempo en una paradoja, que hace que las horas parezcan minutos y los minutos segundos.

Finalmente, cuando obtenemos la recompensa, ya sea por haber conseguido nuestro objetivo o satisfecho una necesidad, obtenemos una agradable sensación de bienestar producida por otro neurotransmisor esencial: la serotonina.

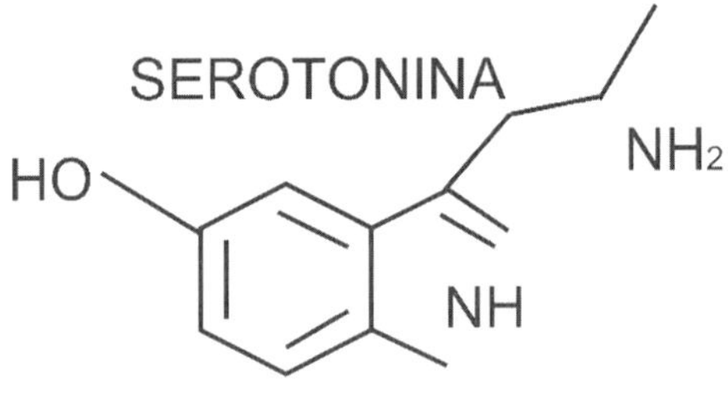

Figura 6.

Imagen propia: Olga Cañizares.

Serotonina: la liberación de serotonina nos introduce en un estado mental de calma, serenidad, sensación de control de nosotros mismos e incluso, buen humor. Experimentando este estado de bienestar

14. El término Fluir (*flow* en inglés) es introducido por Mihály Csíkszentmihályi y se relaciona con la creatividad, el talento y la felicidad, y es uno de los pilares básicos de la psicología positiva.

y satisfacción personal, generamos dosis de energía extra. Este estado emocional positivo nos motiva a seguir avanzando y enfrentando nuevos retos.

A veces, incluso sin haber alcanzado nuestra meta, nos damos cuenta del aprendizaje, de que hemos mejorado, de que nos hemos retado y superado a nosotros mismos y eso nos llena de satisfacción. También entonces liberamos serotonina, porque experimentamos estados positivos relacionados con el logro, retroalimentamos el proceso de automotivación.

Desde un punto de vista biológico, actúa como una hormona en la sangre y como un neurotransmisor en el cerebro. Las neuronas captan serotonina y crean dinámicas de activación cerebral y efectos en cadena. De esta forma, la serotonina favorece el cruce de información entre neuronas.

Dado que la serotonina está presente en muchas partes del cuerpo, tiene efectos sobre varios factores que afectan a nuestra manera de sentir y comportarnos:

- Regula la temperatura corporal.
- Influye en el deseo sexual.
- Reduce los niveles de agresividad.
- Controla el ciclo del sueño.

Se sintetiza a través del triptófano[15], que hay que producirlo con la alimentación, ya que el cuerpo no lo produce. Se encuentra en muchos alimentos: Avena, patatas, soja, avellanas, pollo, atún, yema de huevo, queso.

Con estas tres hormonas se completa el proceso neurobiológico de la motivación, el ciclo motivacional:

15. Aminoácido necesario para la producción y mantenimiento de las proteínas, músculos, enzimas y neurotransmisores del cuerpo.

1. **Inicio del deseo**: Aparece un motivo que nos genera el deseo y un estado de tensión para conseguir algo o satisfacer una necesidad: generamos dopamina.
2. **Impulso a la acción**: Ese deseo y estado de tensión produce un impulso que da lugar a un comportamiento o acción que nos permita obtener la recompensa: se genera adrenalina.
3. **Logro y equilibrio**: Si se satisface la necesidad y obtenemos la recompensa, el cuerpo retorna a su estado de equilibrio: generamos serotonina.

Para poder recordar con facilidad el ciclo motivacional, vamos a usar el acrónimo DAS[16] que se utiliza como mnemotecnia para definir el proceso:

D eseo	D opamina
A cción	A drenalina
S atisfacción	S erotonina

Comprendiendo esto, podemos decir que la motivación es un proceso interno. Sin embargo, en muchas ocasiones, existen situaciones y factores externos que nos motivan y que podemos utilizar para encender esa "chispa" y poner en marcha el proceso interno.

Llevamos un tiempo hablando de metas, de necesidades y de que nuestros comportamientos están condicionados por nuestros deseos de conseguir lo que necesitamos o lo que nos proponemos. Pero, ¿qué despierta nuestro deseo? ¿Qué despierta nuestra emoción para conseguirlo? ¡Los motivos que nos mueven!: el poder, el reto, los logros, las relaciones con las personas, trabajar en equipo y cooperar, el disfrute y el placer, aprender, la autonomía, la seguridad, la comodidad, contribuir a algo más grande que nosotros, etc. Estos motivos actúan de manera diferente en cada uno de nosotros. Por ello, es fundamen-

16. DAS – Herramienta referenciada por el Dr. Iván Ballesteros para una mejor comprensión del ciclo motivacional.

tal descubrir con cuáles nos identificamos, y cuáles son realmente nuestros. Nos esforzamos por realizar las tareas en la medida en que tenemos esperanza de alcanzar nuestros objetivos.

Como dice D. Goleman (1996): "Desde el punto de vista de la inteligencia emocional, la esperanza significa que uno no se rinde a la ansiedad, el derrotismo o la depresión cuando tropieza con dificultades"[17].

Pero también hay otros factores que contribuyen o no a nuestra automotivación:

- La atribución o la explicación que damos a nuestros éxitos o fracasos.
- La iniciativa y el optimismo, que nos ayudan a identificar oportunidades o superar contratiempos.
- El estado de "flow" en el que nos implicamos profundamente.

Una buena pista para identificar nuestros propios motivos es saber que la motivación tiene que ver con experiencias de placer y aversión. Estas experiencias no están localizadas en ninguna estructura cerebral específica, es decir, no podemos afirmar que una parte del cerebro sea la zona de recompensa y otra la de repulsión. Lo que sucede es que las experiencias de recompensa y castigo están coordinadas por zonas cerebrales integradas, llamadas "circuitos límbicos"[18].

Esto nos conecta con el modelo triárquico que propone la Dra. Monique Ernst[19], que se basa en la suposición de que nuestros comportamientos motivados son el resultado de un equilibrio entre tres sistemas cerebrales-neuronales:

17. Gutiérrez Tapias, Mariano. La acción tutorial como alternativa para el desarrollo de la inteligencia emocional de los alumnos. En educación: Revista acción pedagógica. Vol. 12, No. 2 (2003). p. 6.
18. Grupo de estructuras que dirigen las emociones y el comportamiento.
19. Monique Ernst, Profesora de Psiquiatría en Bethesda, USA. Section of Developmental and Affective Neuroscience, National Institute of Mental Health, National Institutes of Health USA.

1. El sistema de acercamiento (cadena de recompensas) que origina conductas aproximativas y típicamente asociado con la valencia emocional positiva.
2. El sistema de huida ante lo que produce daño y nos impulsa a evitar las situaciones amenazantes o dolorosas, típicamente asociado con la valencia de las emociones negativas.
3. El regulador o el circuito de la corteza prefrontal, que hace un papel de arbitraje entre los otros dos y que ayuda a orquestar la contribución relativa de los sistemas conductuales de búsqueda y evitación.

La idea de dos sistemas separados responsables de la recompensa y del castigo (huida) fue conceptualizada por el psicólogo Jeffery A. Gray (1972)[20]. Según describe Gray, el sistema de inhibición conductual está relacionado con la sensibilidad al castigo y la motivación de evitación (serotonina) y está típicamente asociado con la valencia de las emociones negativas. El sistema de activación conductual está asociado con la sensibilidad a la recompensa y la motivación de acercamiento (dopamina).

Finalmente, el circuito de la corteza prefrontal, que interpretamos como el que establece el control cognitivo, ayuda a orquestar la contribución de los sistemas conductuales de búsqueda y evitación.

Antes mencionábamos la evaluación que hacemos de las emociones como positivas o negativas. La estructura cerebral responsable de esta evaluación es la amígdala[21]. Forma parte del sistema límbico; su principal función es el procesamiento y almacenamiento de reacciones emocionales, fundamentales para la supervivencia del individuo. Es la encargada de recibir las señales de peligro potencial y de desarrollar una serie de reacciones que ayuden a la autoprotección.

20. Jeffrey Alan Gray (26 Mayo 1934 - 30 Abril 2004) Psicólogo británico destacado por su contribución sobre la conciencia.
21. La amígdala forma parte del sistema límbico; es unaestructura en forma de almendra integrada por varios núcleos (el grupo basolateral, el núcleo centromedial y el núcleo cortical). Se encuentra ubicada en la porción anteromedial del lóbulo temporal.

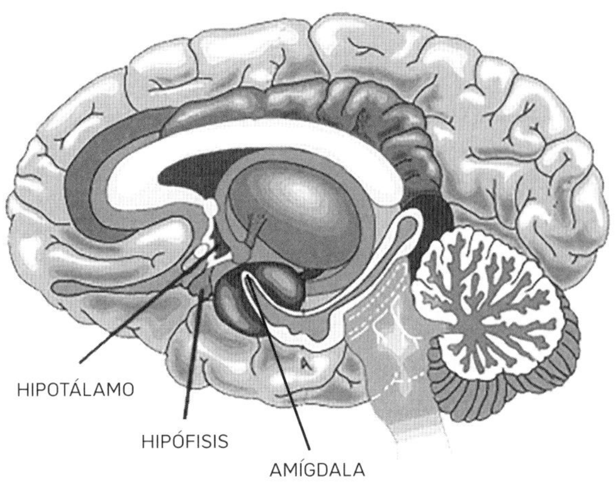

Figura 7.

Fotografía: https://psicologiaymente.com/neurociencias/hipotalamo

Está constituida por varios grupos neuronales: Corticomediales y Basolaterales.

La zona medial es la responsable de las reacciones de agresividad y violencia, mientras que la zona lateral está vinculada a las sensaciones de placer y afecto. Está especialmente vinculada a las experiencias generadoras de miedo y a conductas agresivas. En resumen, su papel principal es procesar y almacenar las reacciones emocionales. Por tanto, envía proyecciones al hipotálamo, que, como hemos visto, es el encargado de activar el sistema nervioso y de enviar señales a otras estructuras cerebrales[22] para la activación de los neurotransmisores dopamina y adrenalina.

Ya hemos comentado que las investigaciones sobre nuestros circuitos neuronales están en constante evolución y lo seguirán estando. Sin embargo, algunos investigadores ya explican cómo somos capaces de regularnos para mantener la activación que necesitamos y conseguir nuestros objetivos. En general, cuanto más controlamos

22. Área tegmental ventral, locus coeruleus, núcleo tegmental

la cantidad de estimulación que llega a nuestras estructuras, más nos automotivamos y mayor cantidad de dopamina liberamos.

Parece que la capacidad de concentrarnos en la tarea y completarla se convierte no solo en un medio, sino en un fin en sí mismo[23]. Esto nos proporciona recompensas y gratificaciones, que a su vez contribuyen al desarrollo de habilidades y fomentan el interés por alcanzar metas y/o adquirir nuevos conocimientos.

Por un lado, influye el estímulo, y por otro, la puesta en marcha de la acción. Como nuestro cerebro está tan bien diseñado, existe una especie de interfaz entre el área límbica (amígdala) y la región motora: el núcleo accumbens, del que ya hemos hablado anteriormente. Está especialmente involucrado en la integración de la motivación y la puesta en escena de la acción motora.

Esa interfase recibe axones de las neuronas dopaminérgicas y, a su vez, activa más dopamina. Esto la convierte en el área cerebral que más se relaciona con las conductas gratificantes.

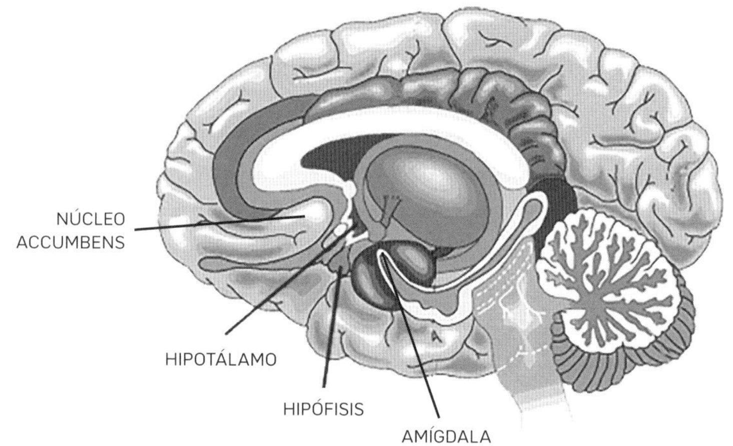

Figura 8.

Fotografía: https://psicologiaymente.com/neurociencias/hipotalamo

23. Descripción de experiencia Flow de Mihály Csíkszentmihályi - *Fluir. Una psicología de la felicidad* - Editorial Kairós – pag. 110.

Digamos que el papel fundamental de esta estructura cerebral consiste en transferir información motivacional para poner en marcha los comportamientos adecuados y adaptativos para alcanzar nuestros objetivos.

Ahora, tendríamos que preguntarnos cómo encajan en este proceso nuestra individualidad, nuestras diferencias, nuestras expectativas, nuestros valores. Cómo incorporamos a este proceso nuestras actitudes, nuestras creencias, nuestras habilidades y nuestras experiencias. Cómo conectamos estas distinciones en el proceso de motivación.

Existen una serie de factores que han influido de forma única en cada uno de nosotros:

- **Nuestra historia genética**, el proceso que ha ido ejerciendo la evolución sobre cada uno de nosotros. Esto significa que pueden existir ciertos motivos básicos innatos, íntimamente relacionados con la supervivencia. Sin embargo, cada persona tiene un criterio o unas necesidades diferentes para sentir que sobrevivimos, no solo físicamente, sino emocional e intelectualmente.
- **Nuestra historia personal**, que se va construyendo desde que nacemos. Experiencias y vivencias que van configurando los hechos que nos motivan, las recompensas que nos atraen y los comportamientos que adoptamos para alcanzarlas. Así, sucede que los juicios que hacemos sobre lo que es placentero o no, están basados en las experiencias previas en situaciones similares. Esto determina si nos sentimos motivados o no a vivir ciertas experiencias.
- **Nuestra personalidad**: Nuestro carácter es único y nuestras variables psicológicas son individuales. En lo que se refiere a la motivación, estas distinciones marcarán los estímulos particulares que nos atraen, los cuales pueden no coincidir con

los de otras personas. Debido a esto, tenemos la capacidad de buscar y crear los acontecimientos concretos que nos permitan satisfacer nuestras necesidades psicológicas y aspiracionales.

- **Nuestro entorno**: Lo que ocurre a nuestro alrededor también influye en nuestra motivación y en nuestros comportamientos. La presencia o ausencia de distintos estímulos puede ejercer una gran influencia sobre nosotros. Por ello, es importante considerar estos factores para comprender mejor nuestra motivación.

Más adelante, en otros capítulos, describiremos las fuentes internas y externas que podemos utilizar de forma consciente para generar automotivación.

Entremos ahora en otra secuencia biológica y emocional que tiene que ver con el papel de la amígdala y con la asociación que esta tiene con el miedo o con los estímulos que valoramos como negativos. Cada vez que definimos o buscamos un objetivo, tenemos miedo a no lograrlo. Este miedo, como hemos visto, puede activar la amígdala y hacernos creer que nos motivaremos aún más a lograr nuestra meta para evitar el sufrimiento, la aversión a fallar. De esta forma, el miedo se convierte en un motor que potencia aún más la motivación. El miedo al qué dirán, a sentir vergüenza por no lograr algo, a no sentirnos capaces de levantar un negocio, de criar a nuestros hijos, de conseguir un trabajo, o de enfrentar una enfermedad, también puede convertirse en un elemento de motivación, ya que nuestro cerebro buscará la forma de dejar de sentir miedo.

Sin embargo, es crucial evitar la motivación basada en el miedo, ya que esta puede generar una hiperactivación de la amígdala y provocar una liberación irregular de dopamina. Estos efectos pueden provocar daños, a medio y largo plazo, en nuestra salud en general y en la mental en particular. Cuando la motivación está impulsada por el miedo, podemos perder el interés por el futuro y sentir desmotivación hacia muchas otras áreas de nuestra vida.

Vivimos continuamente motivados para conseguir esto o aquello y desmotivados hacia otros aspectos, según nuestras percepciones subjetivas y nuestras preferencias. Todos los días definimos metas, buscamos una necesidad que satisfacer. Todos los días nos enfocamos en algo que entendemos que es esencial para nuestra supervivencia, en el sentido más amplio de la palabra. Estamos biológicamente preparados para definir nuestras preferencias, definir nuestros objetivos y evitar el miedo. Nuestro cerebro está programado para no sufrir o hacerlo lo menos posible. Queremos ahorrar recursos, sentirnos cómodos. Pero en realidad lo que sucede es que, para sentirnos felices, toca romper lo cotidiano, saltar los obstáculos y utilizar mucha energía, muchos esfuerzos para lograr ser las personas que queremos ser y satisfacer nuestros anhelos y necesidades.

QUÉ

Introducción

Ya hemos explorado el "por qué", y ahora nos adentraremos en el "qué". El capítulo sobre el aspecto biopsicosociocultural nos sugiere que los seres humanos quizá seamos la única especie con un diseño perfecto para automotivarnos. A diferencia de la mayoría de los animales, que dependen de estímulos externos o instintos de supervivencia para actuar y obtener recompensas, nosotros tenemos la capacidad única de generar pensamientos, ser conscientes de su impacto y, por ende, forjar, como artesanos de nuestra propia vida, el camino hacia la felicidad y la mejora de nuestra relación con el instinto vital de sobrevivir, vivir y contribuir.

Imaginemos situaciones concretas: ¿cómo actuaría una madre al ver a su hijo ahogándose? Indudablemente, pasaría a la acción, estaría dispuesta a arriesgar su propia vida para salvar a su hijo, activando todos sus recursos y su biología en pos de la supervivencia de su ser querido. ¿Y cómo reaccionaría un político si su liderazgo se viera comprometido? Seguramente estaría dispuesto a elaborar discursos y a comprometerse con cualquier medida para recuperar su influencia. Incluso, ¿qué estaríamos dispuestos a sacrificar si nuestra salud estuviera en riesgo? ¿Nuestra libertad, nuestro dinero?

Todos poseemos esa capacidad, aunque a veces nos parece casi imposible activar los recursos necesarios. La clave radica en percibir un motivo como un beneficio personal; es entonces cuando encontraremos la manera de hacerlo. En muchas ocasiones, simplemente no reflexionamos ni nos detenemos a considerar qué queremos, qué sentimos y qué objetivos queremos lograr. Desconectar el "automático", esos pensamientos y comportamientos inconscientes, nos permite tomar conciencia de nuestras necesidades vitales, psicológicas, intelectuales y relacionales, desencadenando así el proceso de automotivación y poniendo todo nuestro organismo a nuestro servicio.

Comenzamos reconociendo la inconmensurable posibilidad que todos tenemos de automotivarnos sin depender de factores externos; Esto es nuestra responsabilidad. Aceptarlo y reconocerlo nos otorga libertad, control y la satisfacción de saber que la recompensa está al alcance. La automotivación cambia nuestros pensamientos y sentimientos, concediéndonos el placer de modificar nuestras conductas. Nos capacitamos para reaccionar con enfoque en nuestros objetivos y, con la repetición, instauramos nuevos hábitos que se traducen en comportamientos eficaces y satisfactorios. Estos, a su vez, refuerzan la conexión neuronal creada por la experiencia de recompensa, alimentando nuestro deseo de mantenernos automotivados.

La conciencia de nuestra capacidad de automotivación nos mantiene presentes, plenamente atentos a lo que ocurre en nuestro interior y en nuestro entorno. Para lograrlo, es esencial creer en nosotros mismos, eliminando juicios y miedos que a menudo interrumpen el proceso de automotivación.

Este "credo" en uno mismo se construye de diversas formas, pero la más valiosa y eficaz es la propia experiencia. Atreverse a realizar aquello que no creíamos posible, y lograrlo, aumenta nuestra confianza y, por supuesto, genera automotivación, una fuerza que puede reutilizarse para alcanzar nuevas metas.

Todos albergamos creencias inconscientes sobre nuestras limitaciones, pensamientos de incapacidad para satisfacer nuestras necesidades o alcanzar nuestros sueños. Por ello, es crucial emprender el viaje del autoconocimiento. Identificar esas creencias limitantes y, por supuesto, aquellas que nos potencian, es una parte fundamental de este proceso.

De hecho, el proceso de autoconocerse es, en sí mismo, un aliciente y un motivo para identificar recursos que a veces se encuentran simplemente secuestrados. Desarrollar esta capacidad de automotivación no solo despierta un impulso interno, sino que también genera emociones positivas que nos brindan un mayor enfoque y estimulan la atención hacia los comportamientos que nos conducen al logro y la recompensa.

A continuación, ingresan en juego las emociones, que pueden considerarse aliadas fundamentales de la motivación. La forma en que nos sentimos en una situación específica es probablemente el elemento más crucial para mantenernos motivados. No podemos abordar la automotivación sin considerar la importancia de las emociones, y viceversa. La fuerza interna que nos impulsa a seguir adelante proviene de parte de nuestras emociones. La experiencia emocional abarca un conjunto de cogniciones, actitudes y creencias sobre el mundo y sobre nosotros mismos, condicionando la percepción y la valoración de una situación en dos dimensiones básicas: la excitación y la valencia. Estos aspectos son esenciales para activar el ciclo motivacional y sentirnos en marcha, aunque profundizaremos más sobre este tema en el libro.

Lo crucial es tener siempre presente que todos compartimos el deseo de alcanzar metas y experimentar bienestar. Mantenernos motivados nos proporcionará la fortaleza para superar obstáculos y perseverar hasta que aquello que anhelamos se materialice.

Aunque disfrutamos de sentirnos motivados, a menudo nos enfrentamos a la pereza y la resistencia para iniciar y pasar por el proceso, ya que implica abandonar nuestra cómoda zona de confort. No obstante, cuando nos aventuramos a automotivarnos, logramos aceptar desafíos y nuevas oportunidades, planificar y superar dificultades, y otorgar sentido y dirección a nuestra vida, manteniéndonos entusiasmados y positivos.

La automotivación nos conecta con el sentido de por qué realizamos ciertas acciones, fomentando, a su vez, la perseverancia y el disfrute. Una regla fundamental para sentirnos plenos y motivados es poner el foco en nuestras metas, visualizarnos en el estado en el que ya hemos alcanzado lo que deseamos ser, hacer o tener. Todo en nuestra vida, absolutamente todo, parte de un pensamiento, un deseo, una necesidad por satisfacer o un sueño.

Nos convertimos en aquello en lo que pensamos con mayor frecuencia. Nuestro entorno, el mundo que nos rodea, termina siendo un reflejo de lo que somos internamente, de nuestro mundo interior. La realidad es que nuestro potencial es extraordinario y tenemos la capacidad de alcanzar las metas que nos propongamos, siempre y cuando pongamos en marcha:

- foco,
- atención,
- intención y
- acción.

Deberíamos asumir la responsabilidad de dedicar el tiempo necesario para identificar lo que realmente queremos y los recursos necesarios para lograrlo. Cuanto más claros tengamos nuestros objetivos, más potencial liberaremos. El deseo de realizar algo profundamente satisfactorio y, en algunos casos, desafiante, estimula niveles máximos de creatividad, esa habilidad única de los seres humanos para inventar y crear cosas nuevas.

La clave, el punto de partida, es poseer un deseo intenso, lleno de energía. Este impulso nos proporcionará la fuerza para atraer y encontrar todo lo que realmente anhelamos. Por lo tanto, resulta fundamental responder a la pregunta que ha estado presente en toda esta introducción: ¿Qué es lo que realmente quiero ser, hacer y tener en mi vida?

Cuando activamos nuestra creatividad, nos volvemos espontáneos, libres, sensibles e incluso un poco excitables. Estas actitudes nos capacitan para afrontar los obstáculos que puedan surgir en el camino hacia nuestras metas. Con la lectura de este libro, esperamos contribuir a activar tu creatividad y los mecanismos asociados.

Sin embargo, nos encontramos con obstáculos internos. Las mayores barreras para alcanzar lo que deseamos residen en nuestras emociones negativas, estados de ánimo que nos paralizan, nos frenan y, en ocasiones, nos roban la alegría necesaria para avanzar. Quizás sea imperativo comenzar por liberarnos del miedo, alimentar nuestra autoestima y neutralizar las envidias y comparaciones.

Racionalizamos situaciones hasta el punto de poner en riesgo nuestros deseos y fuerzas. Intentamos dar explicaciones socialmente aceptables a hechos que quizás no lo serían. Aunque estas explicaciones funcionan temporalmente, pronto sentimos que la emoción generada bloquea nuestras ganas de avanzar. Por ejemplo, al aspirar a una promoción laboral, podemos visualizarnos en el nuevo puesto con todo nuestro potencial, pero una voz interna lógica y racional nos hace cuestionarnos nuestras habilidades, sembrando la duda y minando la motivación.

En ocasiones, simplemente nos justificamos. Encontramos razones y explicaciones que impiden nuestro progreso, convirtiéndose en creencias limitantes que refuerzan el miedo o la pereza para actuar.

Por último, pero no menos importante, el gran obstáculo para alcanzar nuestras metas es asumir el papel de víctimas, entregando el poder a circunstancias u otros. Cuando surgen estos obstáculos y emociones negativas, es crucial observarlos, reconocer que forman parte de una interpretación subjetiva de la realidad y asumir la responsabilidad para liberarnos de esa energía que nos lastra. Este es el momento de cambiar el mapa y buscar la motivación y las razones para lograrlo.

En los próximos capítulos nos proponemos ofrecerte algunas historias de automotivación que puedan inspirarte, definiciones que te ayudarán a comprender el proceso y sus beneficios, clasificaciones que ordenen los recursos, así como palancas, prácticas y motores en los que puedas apoyarte para alcanzar tus metas.

Iniciamos nuestro viaje apoyándonos en dos ideas fundamentales:

1. Entendemos que la motivación es un proceso complejo que involucra diversas variables.
2. Reconocemos que uno de los aspectos fundamentales de este proceso es asegurar que nuestros comportamientos sean impulsados por la motivación.

Para lograr esto, es esencial tener en cuenta que, al llegar a la conclusión de lo que deseamos alcanzar, el simple deseo se transforma en la meta a la que debemos dirigir nuestros esfuerzos. En esa dirección, canalizamos nuestra conducta motivada, proporcionándonos la oportunidad de visualizar de manera relativamente cercana el logro deseado, siempre y cuando mantengamos dichos comportamientos. ¡Veamos cómo nos va en este recorrido!

Hitos y mitos de la automotivación

Supongo que en ocasiones te has cuestionado por qué algunos logran sus metas mientras que tú no. Nosotras ciertamente lo hemos hecho en más de una ocasión. Todos admiramos a personas célebres que han perseguido sueños, ideas o visiones, transformando de alguna manera el mundo. Pero más allá de eso, sus vidas parecen plenas, llenas de logros y, al menos en apariencia, rebosantes de felicidad (aunque este último punto podríamos discutirlo con ellos). Sin embargo, lo que no está en duda es que han exhibido o exhiben una automotivación extraordinaria que les ha permitido alcanzar sus objetivos.

Hemos pensado que sería interesante invitarleos a este libro y observarlos. Identificar las actitudes, comportamientos y habilidades que han puesto o ponen en práctica, y cómo estas características les ayudan a mantenerse automotivados y a realizar sus sueños.

No obstante, surge un dilema cuando debemos elegir entre tantos ejemplos, hay miles, incluso millones, pero contamos con un espacio limitado de páginas. Aunque seguramente se te ocurrirán otros ejemplos, confiamos en que nuestra selección resulte interesante y curiosa, al menos por el enfoque que pretendemos darle, a pesar de que, por supuesto, nunca será exhaustiva.

Seguiremos este formato:

1. En primer lugar, describiremos al personaje.
2. Luego, explicaremos las razones por las que lo recordamos.
3. También repasaremos sus logros.
4. Sus fracasos no quedarán fuera de la discusión.
5. Abordaremos sus limitaciones y, finalmente,
6. Exploraremos las palancas internas que utilizaron para que hoy estemos hablando de ellos.

Nuestro primer invitado es un personaje fascinante. El libro *La agonía y el éxtasis. Vida de Miguel Ángel*, de Irvin Stone, se ha convertido en un referente inspirador:

Michelangelo Buonarroti (1475 - 1564)

Quién es, cómo era y qué logró

Miguel Ángel, cuyo nacimiento ocurrió el 6 de marzo de 1475 en un pueblo cercano a Arezzo, en la Toscana, se vio inmerso en un entorno donde su desarrollo artístico fue moldeado por las circunstancias de su tiempo. Cuando su madre falleció en 1481, él contaba con seis años y ya residía en Florencia, donde, además de estudiar gramática con el maestro Francesco da Urbino, se dejó cautivar por la replicación de pinturas en diversas iglesias italianas. Este interés lo llevó a relacionarse con varios pintores, convirtiéndose en una fuente de inspiración para continuar su formación artística.

Florencia: el crisol del Renacimiento

Florencia, reconocida como el epicentro del aprendizaje y las artes en Italia, experimentó el florecimiento del Renacimiento. La ciudad se transformó en un crisol de inspiración con la contribución de grandes mecenas, ricos banqueros y el respaldo del propio ayuntamiento, dando lugar a estructuras impresionantes y obras maestras artísticas.

A la temprana edad de 13 años, Miguel Ángel comenzó su formación con el maestro Ghirlandaio, heredando su depurado formalismo y estilo sereno. Con el estímulo de su padre, comenzó a recibir pagos de Ghirlandaio, quien, en 1489, lo presentó a Lorenzo de Medici como uno de sus alumnos destacados. Gracias al respaldo financiero de Lorenzo, Miguel Ángel tuvo la oportunidad de inscribirse en la Academia Humanista, fundada por los Medici.

Durante su tiempo en la academia, influido por escritores y filósofos como Pico della Mirandola, Poliziano o Marsilio Ficino, esculpió algunas de sus obras más conocidas, como la *Batalla de los centauros* o la *Virgen de los escalones*.

Una vida marcada por los desafíos

Luego de la muerte de Lorenzo de Medici, se enfrentó al desafío de dejar la academia y regresar a la casa de su padre. Este momento crucial le brindó la oportunidad de satisfacer su obsesión por representar el cuerpo humano, especialmente el desnudo masculino. Estudió la anatomía de cadáveres en la Iglesia de Santa María del Santo Spirito, obteniendo el permiso del prior gracias a la fascinación generada por un crucifijo de madera regalado por Miguel Ángel.

Después de un breve retorno a la corte de los Medici en 1494, el ascenso de Savonarola los obligó a abandonar la ciudad. Miguel Ángel tomó la decisión de mudarse a Venecia antes de dirigirse a Bolonia. Antes de finalizar 1494, regresó a Florencia, donde se ocupó de proyectos finales como la estatua de *Cupido durmiente* y el niño *San Juan Bautista*. A los 21 años se instaló en Roma, donde recibió el encargo del cardenal francés Jean Bilhères de Lagraulas de esculpir una Virgen María vestida con Cristo muerto en brazos para la capilla de Santa Petronila, conocida como La Piedad de San Pedro. La obra fue expuesta en la sacristía de la Basílica de San Pedro en 1499.

A pesar de todas sus contribuciones artísticas, la obra maestra por excelencia de Miguel Ángel fue el encargo realizado por el papa Julio II en 1508 para decorar la Capilla Sixtina. Aunque ya se había consagrado como el máximo escultor de su tiempo a los 24 años, la realización de los frescos de la Capilla Sixtina lo elevó a la categoría de artista universal.

El desafío fue monumental, y los primeros resultados resultaron decepcionantes, especialmente con el Diluvio Universal, que terminó en desastre debido a problemas técnicos con el enlucido y las condiciones climáticas de Roma. Aparecieron mohos, obligando a retirar la pintura y empezar de nuevo. Meses de angustia y dificultades siguieron. Se trajeron colaboradores artistas de Florencia, y Miguel

Ángel trabajó incansablemente, dejando constancia de sus esfuerzos en uno de sus famosos sonetos:

E' lombi entrati mi son nella peccia,
e fo del cul per contrapeso groppa,
e ' passi senza gli occhi muovo invano

* * *

Los riñones me han llegado hasta la panza
y del culo hago en contrapeso grupa
y ya sin ojos doy pasos en vano

En 1512, después de enfrentar amenazas, acoso, insultos y, en algunos casos, lisonjas y regalos, culminó su obra en la Capilla Sixtina con figuras gigantescas enfrentando la extrema dificultad de aplicar la pintura en los techos curvos, una creación excepcional reconocida tanto en su época como en la actualidad.

Más de veinte años después, bajo el encargo del papa Pablo III, Miguel Ángel volvió a la Capilla Sixtina para pintar el fresco del *Juicio Universal* en la pared del coro. La exhibición de desnudez de los personajes generó reacciones contradictorias y posteriores censuras lideradas por el sucesor de Pablo III. Ante la amenaza del papa Pablo IV de destruir su obra, Miguel Ángel respondió con firmeza: "Decidle al Papa que este es un asunto pequeño y que se puede arreglar fácilmente; que él arregle el mundo, pues las pinturas se arreglan enseguida".

Este período fue inusualmente feliz para Miguel Ángel, quien encontró apoyo en su íntima amistad con el joven y prometedor artista Tommaso de Cavalieri y en Vittoria Colonna, una aristócrata inspirada por el nuevo espíritu religioso. Colonna expresó su apoyo a la obra de Miguel Ángel al afirmar: "Nos muestra la muerte y lo que somos de manera suave".

Miguel Ángel falleció en 1564 y fue sepultado en Florencia, rodeado de amigos. Su nombre quedó inscrito en el esplendoroso

Renacimiento como maestro de la pintura, la escultura e incluso la poesía. Trabajó con intensidad, pasión y una emoción extrema que impregnaba sus obras con un lenguaje preciso y minucioso. Su carácter perfeccionista, su perpetua inconformidad, su continua autoexigencia, su actitud de eterno aprendizaje y el valor que otorgaba a sus relaciones personales lo configuraron como un artista único, inmortal y universal. Siempre sintió que Dios lo había creado para ser su instrumento en la tierra. Su legado sigue teniendo una fuerza impactante y, aún hoy, nos deja sin aliento.

Su legado tuvo sin duda la misma fuerza y, aún hoy, nos sigue dejando sin aliento.

Actitudes, comportamientos y habilidades

Actitudes, habilidades	Yo	Comportamiento	Yo
Siguió su instinto		Se dejó cautivar por la replicación de pinturas en diversas iglesias italianas. *... Este interés lo llevó a relacionarse con varios pintores...*	
Focalizaba		Aprovechaba todas las oportunidades. *... Gracias al respaldo financiero de Lorenzo, Miguel Ángel tuvo la oportunidad de inscribirse en la Academia Humanista...*	
Buscaba recursos		Nada le impedía encontrar lo que necesitaba. *...Estudió la anatomía de cadáveres en la Iglesia de Santa María del Santo Spirito, obteniendo el permiso del prior...*	

Tenaz		Nunca desfalleció ante las dificultades. *...Aparecieron mohos y tuvieron que retirar la pintura y rehacerlo de nuevo. Pasaron meses de angustia y dificultades...*	
Seguro de sí mismo		Ignoró a los que le intimidaban. *...En 1512, después de enfrentar amenazas, acoso, insultos y, en algunos casos, lisonjas y regalos, culminó su obra en la Capilla Sixtina...*	
Se apoyaba en su entorno emocional		Sacaba fuerzas de su entorno emocional. *... encontró apoyo en su íntima amistad con el joven y prometedor artista Tommaso de Cavalieri y en Vittoria Colonna*	

¿Cuántas "X" has marcado? ¿Significa esto que te pareces a Miguel Ángel? De hecho, sí: Todos tenemos la capacidad de poner en práctica las actitudes y habilidades que hemos identificado en él.

Por supuesto, hay muchos otros factores que influyen en nuestra capacidad para automotivarnos y alcanzar nuestras metas. Pero, ¿no te llena de cierta esperanza pensar que compartes algunos rasgos con nuestro invitado?

¡Vamos a por el siguiente!

Walt Disney (1901-1966)

Quién es, cómo era y qué logró

Que Walt Disney es un personaje muy conocido no cabe duda, que se ha escrito mucho sobre él tampoco, y que has visto alguna de sus películas, estamos seguros, pero quizás no conozcas al individuo que está detrás de este mito.

Walt Disney nació a principios del siglo XX en Chicago (1901), aunque existe una leyenda que dice que Mojácar (Almería) fue su lugar de nacimiento.

Su actividad principal, y por la cual todos le conocemos, es la producción de películas de cine animadas, donde introdujo mucha imaginación, nuevas técnicas revolucionarias para la época y una increíble creatividad.

Desde muy joven, dibujaba y pintaba, incluso llegó a vender algunos de sus dibujos a sus vecinos de Marceline, una ciudad del estado de Missouri donde vivió los primeros años de su niñez, a cambio de un buen corte de pelo. Las fiebres tifoideas de su padre llevaron a toda la familia a Kansas City, donde Walt trabajó como repartidor de periódicos.

Sus primeras incursiones como contador de historias las hizo en el periódico del instituto *The Village Voice*. Le gustaba escribir sobre la guerra (Primera Guerra Mundial), donde se alistó con la Cruz Roja y fue conductor de ambulancia, aunque nunca entró en combate.

Posteriormente, trabajó como aprendiz en la agencia Pesmen-Rubin Commercial Art Studio, donde conoció a quien luego sería su socio y amigo, y con el que nació el personaje emblemático de Mickey Mouse, Ubbe Iwerks. Su primer proyecto (1922) fue con la empresa que él mismo fundó, Laugh-O-Gram Films, donde nacieron personajes como Cenicienta y El Gato con botas.

En 1923 se trasladó a Hollywood después de que Laugh-O-Gram Films fracasara y fundó, junto con su hermano Roy, la Disney Brothers Studios. No solo tenía la determinación de realizar su sueño, sino que persiguió maneras de hacerlo realidad. Un año después, su amigo Ubbe se unió al proyecto y ahí comenzó a hacer lo que más le gustaba: diseñar historias y personajes.

Disney era un gran observador y buscaba inspiración a su alrededor. En alguna ocasión aseguró que Charlie Chaplin le ayudó a encontrar un ritmo narrativo para sus historias.

En 1928 nació su personaje estrella, Mickey Mouse, al que primero llamó Mortimer. Pero su esposa Lillian (que trabajaba en sus estudios) lo convenció de que lo cambiara por el de Mickey Mouse, que no era tan aburrido como Mortimer.

Ha habido mucho debate sobre si fue el propio Walt Disney el que creó a Mickey Mouse o si fue su amigo Ubbe Iwerks, que siempre apareció como el dibujante de este. Mickey Mouse no tuvo mucho éxito en sus primeros episodios mudos, pero gracias al empresario Pat Powers, Disney incorporó sonido a sus películas. Él mismo se encargó de los efectos vocales de sus primeros cortometrajes, y en 1947 le puso voz a Mickey Mouse.

A partir de ese momento, la producción de Disney cosechó éxito tras éxito: 1937, *Blancanieves y los siete enanitos*; 1940, *Pinocho*; 1941, *Dumbo*; 1942, *Bambi*.

La revolución del cine animado, promovida por Disney, atrajo el interés de un importante inversor: Howard Hughes, quien financió sus siguientes creaciones con un crédito sin intereses de un millón de dólares. Este respaldo financiero permitió a Disney lanzar al mercado títulos eternos:

- 1950, *Cenicienta*.
- 1951, *Alicia en el país de las maravillas*.

- 1953, *Peter Pan*.
- 1954, *20.000 leguas de viaje submarino*.

Nunca perdió su visión de entretener de una forma diferente y dejó claro su propósito en algunas de sus frases célebres: "Prefiero entretener a la gente con la esperanza de que aprendan algo que enseñarles con la esperanza de que se entretengan". Siempre tuvo en mente construir un parque de atracciones para sus empleados y familias. Se inspiró en parques como Los Jardines de Tívoli de Copenhague, el Children's Fairyland de Oakland y la República de los Niños en Argentina. Abrió su primer parque en 1955 en California, un proyecto que siguió creciendo hasta convertirse en lo que hoy conocemos como Disneyland, y posteriormente se expandió a otros lugares como Orlando.

Pero no todo era perfecto; al igual que cada uno de nosotros, Walt Disney también tenía debilidades, defectos y cometía errores. En los primeros años, no fue muy querido por sus empleados; llegó a prohibirles que se dejaran bigote o barba, algunos decían que era para que no le quitaran protagonismo. Sin embargo, la huelga a la que tuvo que enfrentarse cuando estrenaron *Blancanieves y los siete enanitos* y el incumplimiento de la promesa de subida de salario a sus empleados, le enseñó la importancia de cuidar a las personas que hacían posible su proyecto. Llegó a recordar los nombres de cada trabajador e hizo todo lo posible para que se comprometieran con el trabajo y con el sueño que perseguía.

En una desclasificación de documentos del FBI a principios de los 90, se reveló que Disney actuó como espía desde 1940 hasta su fallecimiento. A pesar de su imagen extrovertida y amable hacia el exterior, su personalidad era tímida, insegura, autocrítica y exigente debido a su perfeccionismo. El libro de Peter Stephan Jungk, *El americano perfecto: Tras la pista de Walt Disney*, retrató la personalidad obsesiva y egoísta de Walt Disney, convirtiéndolo en una figura más humana, con problemas en su matrimonio, con sus empleados y con sus socios. En muchas ocasiones, sus frases revelaban su arrogancia:

- "Soy un pionero, soy uno de los grandes hombres de mi época".
- "Mi nombre está en boca de más personas que el de Jesús de Nazaret".
- "Millones de personas conocen alguna de mis películas".
- "Soy un mito".
- "Mi ratón gusta más que el Niño Jesús y Papá Noel juntos".
- "Mi fama durará siglos".

Su adicción al tabaco provocó su fallecimiento el 15 de diciembre de 1966 a causa de un paro cardiorrespiratorio.

Indudablemente, Disney era un ser humano con sus propios defectos, debilidades y limitaciones. Si tuviéramos la oportunidad de conversar con él o con las personas que compartieron su vida, descubriríamos también sus miedos, ansiedades y torpezas, aspectos comunes a todos nosotros. No obstante, su absoluta confianza en sí mismo, en su visión, o como él lo llamaba, "sus sueños", junto con la combinación de actitudes y comportamientos que todos poseemos o podemos desarrollar, lo convirtieron en un referente de la industria cinematográfica en una época en la que la tecnología aún no había desarrollado las herramientas que posee hoy en día.

Seguramente, en muchas ocasiones todos hemos sentido que no contábamos con los recursos necesarios para abordar un proyecto o un sueño. ¿Qué opinas de Walt Disney? ¿Disponíamos de todo lo que tenemos hoy para triunfar? ¿Permitió que sus errores obstaculizaran su progreso? ¿De dónde obtendría su automotivación?

Actitudes, habilidades y comportamientos

Con este resumen sobre quién fue, cómo fue y cuáles fueron sus logros, hemos creado un cuadro en el que destacamos algunos de los rasgos y comportamientos que contribuyeron a que Walt Disney se sintiera automotivado. Léelos detenidamente y señala con una "X" en las columnas del "YO" aquellos que también identificas en ti:

Actitudes, habilidades	Yo	Comportamiento	Yo
Valiente		Aceptó el riesgo como parte de su camino: *... En 1923, se trasladó a Hollywood después de que Laugh-O-Gram Films fracasara...*	
Confiado		Nunca dejó de confiar en las personas y en sí mismo. *... y fundó, junto con su hermano Roy, la Disney Brothers Studio...*	
Visionario		Buscó hacer realidad sus sueños: *... La revolución del cine animado, promovida por Disney, atrae el interés de un importante inversor: Howard Hughes...*	
Resiliente		Transformó sus fracasos en aprendizajes: *... Mickey Mouse no tuvo mucho éxito en sus primeros episodios mudos...*	
Comunicador		Ponía entusiasmo, ilusión y convencimiento en sus mensajes. El mismo se encargó de los efectos vocales de sus primeros cortometrajes, y en 1947 le puso voz a Mickey Mouse...	
Perseverante		Establecía metas y micro-metas alcanzables de forma continua. *No solo tenía la determinación de realizar su sueño, sino que persiguió formas de hacerlo realidad.*	

Usa fuentes de motivación		Utilizó sus logros como palancas para nuevos logros. ... Él mismo se encargó de los efectos vocales de sus primeros cortometrajes, y en 1947 le puso voz a Mickey Mouse...	
Cuidaba sus relaciones		Sabía que no podía hacerlo solo y cuidó sus relaciones. Llegó a recordar los nombres de cada trabajador e hizo todo lo posible para que se comprometieran con el trabajo y con el sueño que perseguía	
Tomaba de referentes		Se inspiraba en otros. ... En alguna ocasión aseguró que Charlie Chaplin le ayudó a encontrar un ritmo narrativo para sus historias.	
Tenía un "para qué"		Nunca perdió su visión de entretener de una forma diferente: "Prefiero entretener a la gente con la esperanza de que aprendan algo que enseñarles con la esperanza de que se entretengan"	
Identificó su talento y lo puso en valor		Desde muy pequeño dibujaba y pintaba. ... Sus primeras incursiones como contador de historias las hicieron en el periódico del instituto The Village Voice...	

Realiza la misma práctica que hiciste con Miguel Ángel. ¿Cuántas "X" has marcado? ¿Significa esto que te pareces a Walt Disney? ¿De quién estás más cerca, de Miguel Ángel o de Walt Disney? ¿Qué quiere decir eso? Haz lo mismo con los tuyos, con aquellos personajes de la historia o de tu vida real que reconozcas como personas automotivadas.

Práctica: Soy mi propio referente

Trasládate al futuro e imagina el resumen biográfico de tus hitos y mitos en primera persona similares, a los que acabas de leer de Miguel Ángel y Walt Disney.

1. ¿Qué te gustaría que se escribiera de ti?
2. Tómate unos minutos y elabora el cuadro de tus comportamientos y actitudes motivacionales.

Nuestra selección de las teorías de la motivación actuales

A continuación, os proponemos una actualización de las teorías motivacionales, descubriremos que nuestros referentes ya sabían mucho de sus mecanismos.

En nuestras habituales formaciones en gestión de equipos, afloran dos creencias comunes:

1ª: la motivación ha de ser proporcionada por lo externo (con la creencia mayoritaria que a más salario mayor motivación),

2ª: hay personas imposibles de motivar.

Bien, pues ambas aseveraciones encierran algo de verdad y a la vez no asumen lo que hoy sabemos acerca de lo que nos mueve: no es posible motivar al otro, nada externo tiene ese poder. Es por lo tanto un proceso de responsabilidad compartida donde, por mucho que el entorno y la sociedad proporcionen espacios y alternativas para la motivación, cada uno ha de estar en el momento y la disposición para acceder a ella.

Una vez superadas estas creencias, se observan errores en la pretensión de favorecer la motivación:

1. El refuerzo positivo es suficiente.
2. A todos nos motiva lo mismo, independientemente del contexto.

Lo que sabemos hoy de la motivación es que no es solo consecuencia de los estímulos de nuestro entorno. Deci y Ryan[1] establecen la teoría de dos tipos de motivación:

- **La motivación intrínseca**: la acción se debe únicamente al interés y al placer que el individuo obtiene de la misma, sin espera de la recompensa externa.
- **La motivación extrínseca**: la acción está provocada por una circunstancia externa al individuo (castigo, recompensa, presión social…).

Ya sabemos por numerosos estudios que han inspirado este libro y se encuentran en su bibliografía, que los comportamientos intrínsecamente motivados generan mayor foco, mayor creatividad y perseverancia frente a la adversidad.

Aunque hemos remontado su rastro hasta la tradición clásica, hoy sabemos que sabemos poco y que queda mucho por descubrir.

Una de las taxonomías más actuales y reconocidas es la de Kanfer[2], que se asienta en tres paradigmas:

1. Las necesidades de propósito relacionadas con los valores.
2. Las necesidades de elección cognitivas.
3. Las necesidades de autorregulación o metacognición.

A diferencia de la teoría de Maslow[3], no existiría ni jerarquía ni categorización, cada necesidad puede actuar de forma simultánea, dependiendo de su intensidad. Modelos posteriores como el de Alderfer[4] explican que la motivación es provocada por una tensión interior sin etapas, una fuerza que necesita satisfacer tres necesidades: *Existence (E), Relatedness (R), Growth (G),* se conoce como la Teoría ERG:

1. https://es.wikipedia.org/wiki/Teoría_de_la_autodeterminación
2. Frederick H. Kanfer, Arnold P. Goldstein, *Helping People Change*. 1985. Pergamon International.
3. https://es.wikipedia.org/wiki/Abraham_Maslow
4. Harrison Sacks, *ERG Theory, Maslow's Need Hierarchy, And How Alderfer's ERG Explanation Of Motivations Differs From Maslow's Hierarchy Of Needs*, 2020.

- Las necesidades de existir.
- Las necesidades de relaciones sociales.
- Las necesidades de crecimiento o desarrollo personal.

Nos quedaremos en cualquier caso con el concepto central de la teoría de Maslow, el de la autorrealización definida como: "la realización de las potencialidades de la persona, llegar a ser plenamente humano, llegar a ser todo lo que la persona puede ser; contempla el logro de una identidad e individualidad plena".[5]

Daniel H. Pink[6] en su celebrado libro *La sorprendente verdad sobre lo que nos motiva* es contundente: la motivación intrínseca es clave. El autor menciona los experimentos de Harry Harlow[7] en los que demostraron que el aprendizaje significativo y el desempeño eficiente se logran sin incentivos especiales o externos.

Los pilares de la motivación intrínseca son tres:

1. **la autonomía**: el deseo de dirigirse a uno mismo, de hacer una contribución decisiva,
2. **la maestría**: llegar a dominar la disciplina por la que tenemos vocación,
3. **el propósito**: un sentido claro del camino.

Con estos tres motores, podemos generarnos automotivación, sin esperar a nadie, ni dejar en manos de otros, un tema central para lograr una vida plena, sin búsqueda artificiosa de felicidad inmediata y fácil de acceso, una aspiración pueril.

Guardando en mente la autonomía, la maestría y el propósito, estar motivado pasaría en consecuencia por ponerse retos conscientes.

---

5. Abraham H. Maslow, *Motivación y personalidad*, p. 78. 1968. Ed. Díaz de Santos.
6. https://en.wikipedia.org/wiki/Daniel_H._Pink
7. Psicólogo (EEUU 1905-1981), demostró en un estudio con monos que el cumplimiento de una tarea se realizaba cada vez en el menor tiempo posible sin necesidad de recompensas extrínseca, solo por la satisfacción que proporcionaba la motivación intrínseca.

¿Podría uno automotivarse dejándose a la deriva? Claramente, cuando hablamos de automotivación, hablamos de consciencia y acción[8].

Nuevos objetivos que, por pequeños que parezcan, para un individuo pueden despertar muchas ganas de avanzar, de seguir, de transcenderse. Cumplir estos objetivos facilita además la transformación de un estado de ánimo al que uno se somete a uno asumido para su cambio, un enfoque movilizador del desarrollo de las personas. Por lo tanto, parece que la vía de la automotivación es el darse cuenta, es decir conocer y hacerse cargo de su motivación intrínseca.

Para cerrar nuestro recorrido, nos detendremos en la perspectiva que integra la filosofía, la psicología y la neurociencia de José Antonio Marina[9], una interdisciplinariedad que da buena cuenta de su complejidad para activar los procesos internos que generan la motivación autónoma.

En su libro, *La inteligencia ejecutiva*, Marina explora la importancia de la autorregulación y la automotivación. Aboga por el desarrollo de la inteligencia ejecutiva, que implica la capacidad de gestionar y dirigir nuestros propios recursos mentales para alcanzar objetivos y superar desafíos. Sostiene que es esencial comprender y activar los mecanismos internos que impulsan la conducta autónoma y orientada hacia metas. La automotivación no es simplemente desear algo, sino activar los resortes internos que nos llevan a trabajar por ello. En el intrincado tejido de la mente, la inteligencia ejecutiva emerge como la arquitecta de nuestros logros.

A continuación, te proponemos una práctica para hacerte con tu nueva aliada inteligente en tu camino hacia la automotivación.

---

8. Las teorías acerca del impacto del inconsciente en la toma de decisiones son diversas y se basan en la idea de que gran parte de nuestras decisiones están influenciadas por procesos mentales inconscientes, aun asumiendo esa realidad, mantenemos una opción de protagonista de nuestra propia vida, sabemos de sesgos, represiones y actos fallidos, los trabajamos y nos manejamos en el resquicio de libre albedrío que no nos convierte en víctimas de nosotros mismos.
9. José Antonio Marina Torres (Toledo, 1 de julio de 1939) es un filósofo, ensayista y pedagogo español.

Práctica: VAGADA (Visualiza, Afirma, Gestiona, Autoevalúa, Desarrolla, Aprende)

Objetivo: Integrar pautas para un desarrollo inteligente de nuestras capacidades.

Reflexiona sobre tus metas y recursos internos: tómate un tiempo para identificar una ambición personal significativa. Luego, profundiza en tus propios recursos mentales y emocionales que podrías activar para avanzar hacia esa meta. ¿Cómo puedes emplear tu inteligencia ejecutiva para superar obstáculos y mantenerte enfocado?

1. Visualización:

   Dedica tiempo cada día a visualizar tu meta ya alcanzada.

   Imagina cómo te sentirás y qué cambios positivos experimentarás.

2. Afirmaciones positivas:

   Desarrolla afirmaciones positivas relacionadas con tus metas, por ejemplo: "El hábito de madrugar me proporciona disciplina y autoestima".

   Repite estas afirmaciones con frecuencia.

3. Gestión del tiempo:

   Practica la técnica Pomodoro[10]: trabaja intensamente durante 25 minutos y luego toma un descanso de 5 minutos.

4. Autoevaluación con cariño:

   Reflexiona sobre tus logros y áreas de mejora al final de cada día o semana.

10. La técnica Pomodoro es un método para mejorar la administración del tiempo dedicado a una actividad. Fue creada por Francesco Cirillo a fines de la década de 1980. Se basa en usar un temporizador para dividir el tiempo en intervalos fijos, llamados pomodoros, de 25 minutos de actividad, seguidos de 5 minutos de descanso, con pausas más largas cada cuatro pomodoros.

Ajusta tus estrategias según lo que aprendas de estas autoevaluaciones.

5. Desarrollo de la resiliencia:

   Enfrenta los desafíos como oportunidades de aprendizaje, por ejemplo: "No he superado un examen ¿Cómo puedo estudiar con otra rutina?".

   Aprende a manejar el fracaso y normaliza las dificultades con interés por su comprensión y aceptación.

6. Aprendizaje continuo:

   Establece el hábito de aprender algo nuevo regularmente, por ejemplo, una palabra nueva cada día.

   Mantente actualizado en tus áreas de interés y desarrollo profesional.

Selecciona la práctica que más te apetezca en este momento y ve sumando las demás a tu ritmo, no te crees la presión de sumarlas todas. Recuerda que la consistencia en la práctica de estos ejercicios es clave para desarrollar y mantener la automotivación a lo largo del tiempo.

La motivación que nos distingue: transcendente

En nuestro afán de brindar una mirada amplia de las perspectivas existentes, queremos también añadir el modelo propuesto por el Dr. James Heskett, introduce un nuevo componente motivacional, la motivación trascendente, que se destaca como el impulsor más poderoso de los comportamientos humanos. Esta forma de motivación se caracteriza por el deseo de formar parte de algo más grande y comprometerse con una misión, lo que actualmente denominamos actitud de contribución. En este contexto, las personas buscan activamente lo que beneficia más a su "tribu" (familia, amigos), donde los intereses colectivos tienen más peso que los individuales.

Cuando experimentamos la motivación trascendente, nuestros comportamientos se centran en:

- Ser útil y generar un impacto positivo en la vida de los demás y en la comunidad.
- Desarrollar competencias de protección hacia los más vulnerables, cuidar y compartir conocimientos para el aprendizaje mutuo.
- Exhibir comportamientos altruistas, demostrando un auténtico interés en el bienestar de los demás, a menudo priorizando sus necesidades sobre las propias. Esta actitud va más allá del ego personal y contribuye de manera productiva a la empresa.
- Aplicar nuestras competencias emocionales, mediante de la inteligencia emocional.
- Generar bienestar en nuestro entorno.
- Mostrar comportamientos alineados con la integridad, que implica honestidad, autenticidad, equidad y coherencia en cualquier situación, incluso cuando puede suponer un costo personal.

En resumen, la motivación trascendente no solo impulsa el deseo de contribuir al bienestar colectivo, sino que también eleva la calidad de nuestros comportamientos, promoviendo la honestidad, la autenticidad y la equidad, incluso cuando enfrentamos desafíos personales.

Otros autores, como Beatriz Valderrama en su libro *Motivación inteligente,* declaran el vínculo entre el comportamiento altruista y la longevidad:

> "Un estudio reciente de la Universidad de Michigan con 423 parejas mayores de 65 años, dirigido por la psicóloga Stephanie Brown, afirma que existe un vínculo entre el comportamiento altruista y la longevidad. Tras cinco años de investigación, comprobaron que las personas que no habían relatado experiencias altruistas, el 25% de la muestra, tenían un 60% más posibilidades de fallecer que las personas proclives a ayudar a los demás. La relación con la longevidad sólo existe con la actitud de dar amor y cuidar a los demás, no con la de recibir amor, atenciones y cuidado".

La motivación trascendente se refiere a la postura que adoptamos como líderes para inspirar y potenciar las capacidades de todos los miembros del grupo. Según la definición del profesor Juan Antonio Pérez López, "la motivación trascendente es aquella que genera en los profesionales una satisfacción derivada del impacto de sus acciones en otras personas, ya sea al ayudar a un cliente, lograr un acuerdo *win win* con un proveedor o impulsar las habilidades de un trabajador, y complementa tanto la motivación intrínseca como la extrínseca".

Se trata de satisfacer necesidades ajenas, pero no caprichos ajenos, permitiéndonos así tener motivación trascendente y buscar simultáneamente la excelencia. El papel del líder consciente se vuelve fundamental en el manejo de estas motivaciones trascendentes.

Al activar la motivación trascendente, creemos en la posibilidad de cambio, entendiendo que casi todo es susceptible de transformación y que se pueden generar sinergias muy positivas a nivel individual y del sistema, implementando estrategias que cohesionan al sistema y distinguiendo los comportamientos individuales.

Por lo tanto, al seguir a un líder con automotivación trascendente, nos sumergimos en un estado más profundo de la relación que se caracteriza por una influencia personal (extrínseca, intrínseca y trascendente). El líder con automotivación trascendente es, además, carismático y se sitúa al servicio de los demás, buscando la motivación trascendente de los sistemas a los que pertenece.

Un ejemplo claro de motivación trascendental es el voluntariado, una práctica solidaria que refleja el compromiso del voluntario con una entidad específica, por la que no recibe ninguna compensación económica, pero experimenta una enorme gratificación emocional gracias a la felicidad que surge de la práctica del bien.

Esta visión trascendente de la motivación muestra la capacidad que tiene el individuo para ir más allá del propio individualismo, reflexionar sobre el bien común e involucrarse en este bien, priorizando en ciertos momentos esta tarea por encima de las necesidades personales concretas.

Una persona motivada por la trascendencia conecta con otras personas, establece vínculos sociales, ya que el afecto también es clave en la solidaridad como motor de felicidad en la vida. Esta visión trascendente muestra un compromiso personal con un objetivo que se considera noble y honesto.

Otro ejemplo de automotivación trascendente es el voluntariado, una práctica solidaria que evidencia el compromiso de la persona con una causa concreta sin esperar recibir ninguna recompensa, sino una experiencia de compensación emocional gracias a la práctica de la generosidad, la bondad y el bien.

Durante una conferencia en la 4ª Conferencia Internacional Anual de la Fundación de Capitalismo Consciente, realizada en la Fundación Baker de la Harvard Business School, el profesor James Heskett reveló que solo el 14% de los trabajadores encuestados en un estudio de Towers Perrin, que llevó a cabo en 16 países, manifestó sentirse "altamente comprometido" con su empleo, mientras que el 25% admitió estar "desvinculado" de los valores y objetivos de la compañía. En respuesta a esto, Heskett propuso en su concepto denominado "Círculo de la Cultura" los efectos positivos que se generan en la empresa al lograr contagiar los valores y el propósito elevado de la compañía, fortalecer la motivación trascendente de los individuos y construir una cultura sólida organizacional.

Basados en los estudios y publicaciones del Dr. Heskett, el proceso para conseguir una automotivación trascendente pasa por ocho pasos que hemos recogido como:

Modelo de James Heskett

8 pasos para Generar Motivación Trascendente

8 pasos para Generar Motivación Trascendente		
1	Inspirar	Tomando como partida determinar cuál es la Misión Inspiradora de la organización, o del grupo y los elementos que conforman su cultura, para asegurarse de que todos los miembros los comprenden.
2	Declaración de intenciones	Las personas que trabajan en una organización o pertenecen a un grupo, esperan una serie de promesas subyacentes, una serie de comportamientos que es necesario definir para no generar expectativas que no se puedan cumplir.
3	Activación de los valores	Hechos concretos que muestren que se trabaja desde un paradigma de valores activos.
4	Impacto en el compromiso	La motivación trascendente aumenta cuando se cumple el paso 2. Existe un compromiso mucho más vinculante con el desempeño, la confianza, la recomendación activa sobre el propósito, proyecto, producto.
5	Asunción de responsabilidades	Con los pasos anteriores activos y funcionando, las personas sentirán una automotivación trascendente implicándose en el propósito (misión) y realizando un desempeño autónomo, colaborativo, transparente y cohesionado con sus propios intereses.
6	Aprendizaje e Innovación	Cuando los sistemas se sienten comprometidos y responsables, se producen efectos colaterales muy productivos: hay mayor interés por el aprendizaje (motivación intrínseca), mayor asunción de riesgos (innovación) lo que convierte a la organización, al grupo o al proyecto en una empresa ágil y referente.

7	Impacto en los resultados y en el Bienestar	La organización que avanza paso a paso consigue lo que el Dr. Heskett ha llamado las 4Rs: ✓ Referencias, ✓ Retención de talento, ✓ Retorno de la Inversión y ✓ Relaciones con los clientes Lo que sin duda producirá mejores rendimientos y mayor Bienestar.
8	Seguimiento y actualización constante	Es necesario hacer seguimiento y revisión constante para que no surjan vacíos ni fisuras entre los comportamientos propuestos y los realizados, de esta forma, el ciclo será sostenible.

Hemos utilizado como ejemplo de una empresa para ver el impacto de cada uno de los tipos de motivación. Ahora queremos que las observes en ti y te hagas las siguientes preguntas:

- ¿Cuál es mi motivación intrínseca en el trabajo que realizo o que quiero realizar?
- ¿Qué espero recibir por ello?
- ¿Cuál es mi motivación extrínseca en el trabajo que realizo o que quiero realizar?
- ¿Cuál es o sería mi motivación trascendente y que beneficios aportaría a la comunidad, grupo, empresa...?

Una palanca central: el hábito y un buen aliado, la admiración

Una vez definido de qué hablamos cuando hablamos de motivación, pasemos a analizar cómo podemos impulsarla. Con los estoicos hemos aprendido que la práctica genera hábito y posteriormente San Agustín[11] dio continuidad a esa tradición aristotélica de la disciplina para la mejora personal: "El hábito es una segunda naturaleza"[12].

El poder de las rutinas necesita ser metabolizado, para eso podemos ayudarnos, hasta que prescindamos de ellas, de muletas, de esos rituales que permiten mantenerse con foco hasta que ya se vuelvan necesidad, por ejemplo leer antes de dormirse o caminar media hora al día.

El hábito es el poder de influir en el destino.

En vez de centrarnos en la proyección del esfuerzo, que solo conseguirá limitarnos, pensemos en lo que obtenemos y que nuevas opciones se abren a nosotros. La automotivación a menudo está relacionada con la capacidad de ejercer la autodisciplina, de generarse hábitos. Esto implica establecer metas, mantenerse enfocado en ellas y superar obstáculos sin depender de la supervisión externa.

Angela Duckworth[13] autora del libro *Grit: The Power of Passion and Perseverance*, ha contribuido significativamente al estudio de la autodisciplina y cómo esta influye en el éxito. Su trabajo se centra en el **concepto de *grit* o perseverancia apasionada**, y cómo puede influir en el largo plazo:

11. Agustín de Hipona o Aurelio Agustín de Hipona, conocido también como San Agustín (Tagaste, 13 de noviembre del 354-Hipona, 28 de agosto del 430), fue un escritor, teólogo y filósofo cristiano.
12. San Agustín, *Confesiones*, 2017. Austral.
13. Duckworth, A. 2016. *Grit: The Power of Passion and Perseverance*. Scribner.

1. La importancia del *grit*: Duckworth sostiene que la automotivación se relaciona en gran medida con tener esa capacidad de mantener el esfuerzo y el interés en un objetivo durante un período prolongado.
2. La perseverancia como factor clave: Duckworth argumenta que es más importante que el talento o la inteligencia innata.
3. La pasión como motor de la automotivación: proporciona la energía y la motivación necesarias para mantenerse comprometido y seguir adelante, incluso en momentos difíciles.
4. El papel de metas claras y desafiantes: tener un propósito claro y ambicioso inspira y mantiene una tensión creativa a lo largo del tiempo.
5. El crecimiento a través del esfuerzo continuo: el esfuerzo continuo y el aprendizaje constante son esenciales para la automotivación. Aprender a abrazar los desafíos y ver el fracaso como una oportunidad para crecer puede impulsar la automotivación.

Además del poder del hábito –un cultivo que crece con paciencia y mimo, como todo lo que se enraíza en profundidad para sostenernos erguidos ante las inevitables intemperies de la vida–, tenemos otra fuente amable y muy nutritiva: la admiración. Fuente de motivación, para confiar en uno mismo es importante inspirarse en otros, no ser solo un *follower* en las redes, sino admirar como el otro asume su propia vida. La automotivación exclusivamente inspirada en las redes sociales, escaparates de vidas fantaseadas nos alejan de nuestra verdadera singularidad. Nuestra automotivación también se nutre de dirigir nuestra admiración hacia los que nos elevan desde la cercanía. Un maestro, un familiar, un vecino a menudo provocan en nosotros el estímulo de la búsqueda de nuestro propio camino sin necesidad de imágenes que más que motivar, frustran.

Llegados a este punto, sabemos que tenemos mucha responsabilidad en nuestra automotivación, que existen caminos para acceder a ella y mantenerla, abordemos entonces **como invertir en un concepto central en nuestro proyecto vital: nuestro capital de motivación.** Como estamos viendo, ese elemento tan central para lograr una vida plena: la automotivación es un tema amplio y en constante evolución en el campo de la psicología y del desarrollo personal y puede entenderse desde varios modelos y perspectivas. Sigamos explorando caminos para quedarnos con el que más nos motive en cada momento y también aprendamos a comprender que pasa cuando la motivación se nos resiste.

¿Qué pasa si nada me motiva? La amotivación

¿Pero cómo hacerse cargo de su motivación si uno no encuentro ningún rastro de ella en uno mismo ni la posibilidad de que el entorno le estimule? Es decir ¿Qué hacer si no se experimenta la motivación intrínseca ni la extrínseca? Un camino sería tomar consciencia de nuestro estado: **la amotivación**.

Una persona amotivada, que no es igual a una persona desmotivada, tiene el sentimiento de estar sometida a factores fuera de su control y se encuentra con un permanente estado de **ausencia de vinculación con su potencial de acción, es decir de capacidad de regulación, de gestión de las palancas de motivación con su entorno y con la acción.**

Deci et Ryan, en su teoría anteriormente mencionada, proponen este último constructo motivacional: la amotivación para referirse a una persona que no percibe relación entre sus acciones y los resultados que obtiene, autogenerándose así la percepción que sus comportamientos nacen de factores independientes de su voluntad. Aunque la persona conserva o se esfuerza en efectuar tareas mecánicas no se siente ni extrínsecamente ni intrínsecamente motivado, solo defraudada. Permanente se cuestiona el abandono sus propósitos, vive en constante procrastinación. Es un concepto cercano al de indefensión aprendida de Seligman[14]. Cada dificultad se interpreta en clave de inutilidad del aprendizaje y acabo en muchos casos en resignación.

La propuesta es iniciar una regulación gradual para de alguna manera domesticar las claves de motivación con pautas que acaben siendo vividas como propias, poniendo foco en identificar sus componentes:

14. Fue formalizada en 1967 por el psicólogo estadounidense Martin Seligman.

- **La ausencia de regulación** nos llevaría a la inexistencia de la motivación detectable, por ejemplo con un discurso plagado de aseveraciones como "La verdad no entiendo para que asisto a las reuniones solo son una pérdida de tiempo".
- **La regulación externa** corresponde a la definición inicial de la motivación extrínseca: el comportamiento se regula por fuentes de control externos o impuestos por otra persona o sistema.
- **La regulación introyectada** supone que la persona empieza a interiorizar las restricciones externas y se culpa a sí misma, todavía no hay libertad de acción ya que se busca evitar consecuencias desagradables adoptando un rol de víctima: "De todas maneras nadie me escucha en las reuniones".
- **La regulación identificada** aunque la actividad se emprende con fines externos, es valorada como positiva e importante y se inicia una identificación de la persona con la misma.
- **La regulación integrada** aparece una coherencia de la actividad y el concepto propio de persona que se apropia la acción encontrando en ella fuentes de automotivación complementarias a la externa: "Participo en las reuniones para fomentar los espacios colaborativos".
- **La regulación intrínseca** corresponde a la definición inicial de la motivación intrínseca, la acción se lleva a cabo únicamente por el interés y el placer que supone para la persona sin esperar recompensa externa: "En las reuniones es donde más aprendo".

Diferenciar entre desmotivación y amotivación es crucial para su gestión. La desmotivación se refiere a la falta de interés o entusiasmo hacia una tarea específica, a menudo causada por factores externos como la monotonía laboral, la falta de reconocimiento o la percepción de objetivos inalcanzables. Por ejemplo, un estudiante puede mostrar desgana hacia sus tareas diarias debido a la falta de desafíos o la ausencia de incentivos. En cambio, la amotivación implica una carencia intrínseca de motivación, donde la persona no experimenta ni busca el impulso necesario para realizar una actividad. Esto puede estar relacionado con la falta de conexión personal entre la tarea y los valores individuales, y resulta en una apatía generalizada. Un estudiante amotivado puede evitar estudiar porque no ve relevancia en los temas o no percibe la utilidad a largo plazo de la educación.

Con la siguiente práctica, queremos acercarnos a una transformación más profunda, una propuesta para hacer de la motivación más allá de hábito, virtud, es decir una real prioridad en la manera de relacionarnos con nosotros mismos, con el otro, con la vida y una manera de desterrar la amenaza de la amotivación.

Práctica 1: Mi vida virtuosa

Objetivo: Generar consciencia y poner foco en las virtudes para acompañar nuestra automotivación de un proyecto de vida buena.

Aristóteles[15] identificó 12 virtudes que consideraba esenciales para una vida ética y plena. Estas virtudes se dividen en cuatro categorías: virtudes morales, intelectuales, sociales y emocionales. Inicia por la virtud que más te interesa en este momento o la que más fácil o más difícil te parezca, lo importante es hacer tuya un recorrido que vaya sumando virtudes en tu vida. No es necesario llegar a todas, simplemente mantén actualizada tu práctica, guíate con los ejemplos y sustitúyelos por los tuyos.

Virtudes morales:

Valentía:	Afrontar el miedo con coraje.
Práctica:	Me ofrezco voluntaria en la próxima conferencia y supero mi miedo a hablar en público.
Templanza:	Buscar el equilibrio y la moderación en todas las cosas.
Práctica:	Solo pido postre una vez a la semana y controlo la ingesta de azúcar.
Generosidad:	Compartir y dar a los demás sin esperar nada a cambio.
Práctica:	Cocino algo más y lo comparto con mis compañeros de *tupper*.

15. Aristóteles realizó aportaciones clave que ayudan a comprender la motivación, aunque evidentemente nunca utilizó esa palabra. Sus ideas en torno al propósito, la acción y la virtud están en la base de muchas teorías motivacionales contemporáneas. Explica en su Ética Nicomáquea que el desarrollo de las virtudes (como la justicia, la valentía y la templanza) guía a las personas hacia la eudaimonía. La motivación, en este sentido, surge del deseo de actuar de manera virtuosa y racional para alcanzar el equilibrio.

Amistad: Cultivar relaciones sólidas y positivas.

Organizo una quedada al mes en algo que nos guste a todos los hermanos.

Virtudes intelectuales:

Sabiduría: Buscar el conocimiento y aplicarlo de manera práctica.

Escucho un podcast al día y me quedo con una idea que pongo en marcha.

Intelecto: Desarrollar la capacidad de razonar y comprender.

Escucho emisoras de radio alejadas a mi sensibilidad.

Prudencia: Tomar decisiones informadas y éticas.

Pido consejo a alguien de mi confianza antes de tomar decisiones importantes.

Virtudes Sociales:

Justicia: Tratar a los demás con imparcialidad y equidad.

Repaso mis relaciones y anoto mejoras de mis comportamientos en mi diario.

Honestidad: Ser sincero y veraz en todas las interacciones.

Sé distinguir entre sinceridad y sincericidio, un suicidio por un uso excesivo, descontextualizado y egocéntrico de la sinceridad.

Respeto: Reconocer la dignidad y el valor de cada persona.

En todos los encuentros, devuelvo a mi interlocutor un reconocimiento específico, por ejemplo, gracias por escucharme con tanto interés.

Virtudes emocionales:

Alegría:	Cultivar un sentido positivo y alegre de la vida. Tengo una lista actualizada de 3 cosas que me chifla hacer y están presente en mi vida.
Paciencia:	Mantener la calma y la compostura en situaciones difíciles. Practico la respiración y la reflexión antes de contestar cuando estoy alterada.
Amor:	Fomentar el afecto y la conexión con los demás. Soy espontánea en mis gestos de cariño.

Autoevalúate del 1 al 10 en cada virtud, selecciona las que en este momento quieras trabajar en prioridad.

Práctica 2: Mi pinacoteca: la experiencia Stendhall[16]

Objetivo: Desarrollar una mirada atenta a la belleza que nos rodea

El síndrome de Stendhal, también conocido como síndrome de Florencia, es una experiencia única que revela la poderosa conexión entre el arte y las emociones humanas. Nombrado en honor al escritor francés del siglo XIX, Stendhal, quien describió su experiencia abrumadora al contemplar las obras de arte en la ciudad italiana de Florencia, este fenómeno nos invita a reflexionar sobre la intensidad de las vivencias estéticas.

El origen del síndrome se encuentra en la capacidad del arte conectar profundamente con la sensibilidad humana. Las obras maestras, en su esencia, son portadoras de una carga emocional capaz de desencadenar respuestas psicológicas intensas, revelando la profunda interacción entre la subjetividad del observador y la obra de arte.

Nos enseña que encontrar motivación radica en la capacidad de permitirnos ser vulnerables ante la belleza del mundo. En un contexto más amplio, sugiere que el gozo de la existencia se encuentra en nuestra disposición a abrirnos a las experiencias sensoriales y emocionales, dejando que la intensidad del momento nos envuelva.

Para vivir la experiencia Stendhal en la vida cotidiana, elige conscientemente detenerse y observar algo que normalmente pasaríamos por alto, ya sea una obra de arte, un paisaje natural o incluso un objeto cotidiano. Enfócate en los detalles, conviértete en receptor activo de lo que te rodea, cultiva así tu capacidad de experimentar de manera más plena.

16. Henri Beyle (Grenoble, 23 de enero de 1783-París, 23 de marzo de 1842), conocido por su seudónimo Stendhal, fue un escritor francés. Valorado por su agudo análisis de la psicología de sus personajes y por la concisión de su estilo, está considerado como uno de los primeros y más importantes representantes literarios del realismo.

Una contemplación que nos exalta dispara nuestros niveles de dopamina cuyos beneficios para nuestra motivación hemos explicado anteriormente. Estos estímulos naturales nos brindan momentos de disfrute, nos llenamos de energía, de capacidad de concentración, de conexión con nosotros mismos y en consecuencia de autogestión para ganar en opciones de automotivación.

Indicaciones:

Busca el cuadro o la foto que más te emociona en este momento y recréate durante unos minutos, escribe a continuación unas líneas de tu experiencia:

Tu pinacoteca:

Crea tu propia pinacoteca, ve coleccionando, digital o físicamente con postales, las obras que mayor impacto emocional te generen. Vuelve a ellas para mantener el contacto con tu estado o variación emocional.

CÓMO

En el intrincado viaje de la autodeterminación y el desarrollo personal, la automotivación emerge como una fuerza impulsora. Este capítulo explora sus fuentes.

¿Alguna vez te has preguntado qué es una vida plena? ¿Cómo algunos individuos encuentran la energía para perseverar a pesar de los obstáculos aparentemente insuperables? En este capítulo descubriremos estrategias prácticas, métodos y reflexiones para forjar tu propio camino. Prepárate para adentrarte en un viaje introspectivo y excitante que te permita comprender y nutrir tus motivaciones.

Desde la pasión ardiente hasta la disciplina inquebrantable, este capítulo destaca las variadas fuentes que pueden transformar la autorreflexión en acción y convertir los sueños en logros. Descubramos nuestros recursos internos para impulsarnos hacia nuestros objetivos más ambiciosos.

Fuentes de automotivación

Inspirados en la teoría de las fuentes de motivación del Dr. Hendrie Wisenger[1], hemos construido una herramienta que puede ayudarte a identificar las tuyas propias y actualizarlas en cada momento que necesites tirar de tus propios recursos:

Figura 13. Fuentes de automotivación.

Fuentes de automotivación	
Fuentes internas	**Fuentes externas**
Nosotros mismos	Entorno físico
Valores	Referentes
Metas	Relaciones – entorno emocional
Para qués	Contribución
Logros	

Fuente propia: Olga Cañizares.

Vamos a ver qué nos aporta cada una de estas fuentes:

1. Dr. Hendrie Weisinger. Doctor en Psicólogía y Consultor. Profesor asociado de Inteligencia Emocional en las universidades de California, Cornell, Nueva York, Wharton y Washington. Se considera uno de los mayores referentes en inteligencia emocional en el sector de servicios financieros. Desarrolló un programa de *Emotional Intelligence at work* (La inteligencia emocional en la práctica) en el que enseña a gestionar emociones, desarrollar habilidades de liderazgo, trabajar bajo presión y obtener los mejores resultados de productividad y éxito.

Fuentes internas

En las próximas páginas, desentrañaremos los misterios de la autoconciencia, la autenticidad y la autorreflexión como pilares fundamentales que alimentan el motor interno de la automotivación. Exploraremos cómo el hecho de cultivar una relación sólida con nuestras propias metas, valores y sueños se convierte en un factor crucial para desbloquear y movilizar la energía intrínseca que nos impulsa hacia el logro personal.

En este viaje introspectivo, las fuentes internas de automotivación se revelan como las fuerzas propulsoras que nos llevan más allá de los límites percibidos y nos permiten descubrir la extraordinaria capacidad de impulsarnos desde el interior hacia un futuro lleno de logros y satisfacción personal. Es importante aceptar que independientemente de nuestros estados de ánimo, no solo los contemplamos como fuentes de satisfacción personal, sino que también los valoramos como antídotos contra la tristeza y el desánimo.

En los momentos de tristeza, cuando el horizonte parece oscurecerse, las fuentes internas de automotivación se convierten en luces guía que iluminan el camino hacia la esperanza y la superación. En esta travesía introspectiva, exploramos la capacidad del ser humano para transformar la adversidad en impulso, enfrentando el desánimo con una resiliencia fortalecida por una profunda comprensión de uno mismo.

Descubrir cómo estas fuentes internas pueden ser valiosas aliadas en los momentos más desafiantes nos permitirá comprender que la automotivación no solo es un vehículo hacia los logros, sino también un refugio que nos ayuda a afrontar las tormentas emocionales. A medida que exploremos las conexiones intrincadas entre la automotivación y la experiencia humana, destaparemos una narrativa que va más allá de los triunfos, explorando la capacidad innata del ser humano para encontrar luz incluso en los túneles más oscuros.

Nosotros mismos

Nosotros mismos constituimos la fuente más poderosa de automotivación. Nuestras decisiones se ven moldeadas por lo que percibimos como eficaz o no en nuestra vida. De ahí se originan nuestras actitudes, que inciden directamente en nuestro nivel de motivación. Inspirados en las sugerencias del Dr. Weisinger y adoptando un enfoque respaldado por la Psicología Positiva, se presentan algunas directrices que pueden resultar útiles:

- **Aborda el discurso desde una perspectiva positiva, dando inicio a tus afirmaciones con el término "quiero":** "quiero adoptar hábitos alimenticios saludables", "lograré transformar mi actitud".
- **Establece metas específicas y alcanzables en intervalos cortos de tiempo:** "hoy completaré la lectura del libro", "realizaré cuatro llamadas durante la mañana" y "esta semana saldré a correr dos días".
- **Visualiza:** crea representaciones mentales tangibles y alcanzables que desencadenen respuestas similares a las obtenidas mediante la realización de una actividad o la visualización de una imagen.
- **Reenfoca las autocríticas:** cambia de un marco de percepción centrado en el fracaso por un enfoque orientado al aprendizaje.

Nuestros valores

Los valores sostienen el andamiaje de nuestra estructura mental y actúan como pilares fundamentales sobre los que descansan nuestras creencias. Cualquier variación en la priorización de nuestros valores puede provocar desplazamientos, cambios en su intensidad e incluso la eventual desaparición de algunas creencias arraigadas. Cuando nos apoyamos en un valor para alcanzar una meta, experimentamos una fuerza excepcional que nos impulsa y nos proporciona orientación sobre los "cómos" y los "qués". Los valores son principios fundamentales que guían nuestras decisiones, acciones y percepciones en la vida. Actúan como anclas morales que dan forma a nuestra identidad y proporcionan una brújula interna para navegar por las complejidades del mundo. Entendemos los valores como elementos clave en la construcción de nuestra estructura mental y en la toma de decisiones.

1. **Pilares fundamentales:** Los valores son los cimientos sobre los cuales se construyen nuestras creencias. Son las convicciones arraigadas que determinan nuestra ética y orientan nuestras elecciones. Cuando nos enfrentamos a situaciones desafiantes o decisiones importantes, nuestros valores sirven como pilares fundamentales que sustentan nuestras acciones.
2. **Variabilidad y cambio:** Los valores no son estáticos; pueden evolucionar con el tiempo a medida que experimentamos nuevas circunstancias, adquirimos conocimientos y desarrollamos una mayor comprensión de nosotros mismos y del mundo que nos rodea.
3. **Fuerza impulsora:** cuando nos apoyamos en un valor para alcanzar una meta, experimentamos una fuerza excepcional. Esto subraya la capacidad motivadora de los valores. Cuando nuestras metas y acciones están alineadas con nuestros valores más profundos, encontramos una fuente de energía interna que impulsa nuestras acciones y nos brinda dirección.
4. **Conflictos de valores:** pueden surgir en la vida cotidiana. Cuando nuestros valores personales entran en conflicto con las

prácticas de una organización o entorno, experimentamos tensiones internas. En tales casos, los valores actúan como guías que nos motivan a expresar nuestras preocupaciones y a tomar medidas alineadas con nuestros principios.

5. **Reflejo de identidad:** Los valores no solo son guías para la toma de decisiones, sino que también son un reflejo de nuestra identidad. La coherencia entre nuestros valores y nuestras acciones crea una autenticidad que contribuye a nuestro sentido de autoestima y autoconciencia. Reconocer situaciones en las que los valores han actuado como respaldo y motor, destaca cómo estos principios son una parte integral de nuestra narrativa personal.

En resumen, los valores son elementos esenciales en la construcción de nuestra identidad y en la toma de decisiones. Son dinámicos, proporcionan fuerza motivadora, pueden entrar en conflicto con situaciones externas y reflejan la autenticidad de nuestra identidad. Al reflexionar sobre las experiencias en las que los valores han sido fundamentales, profundizamos en la comprensión de nosotros mismos y fortalecemos nuestra conexión con lo que consideramos significativo en nuestra vida.

Consideremos, por ejemplo, el escenario de trabajar en una empresa donde la libertad de expresión y el respeto por la vida personal son valores que definen su compromiso con los empleados. Es probable que estos valores estén alineados con algunos de los nuestros. Sin embargo, si en un momento dado la Dirección cambia y comienza a descuidar a los empleados, limitando la conciliación y reprimiendo las opiniones del personal, es probable que entremos en conflicto con nuestros propios valores. En este contexto, la honestidad puede surgir como el impulso que nos motive a comunicar de manera franca nuestra insatisfacción con la incoherencia de Dirección y la política de personal.

Te invito a reflexionar sobre situaciones en las que tus valores han sido el respaldo y el motor que te ha llevado a tomar decisiones y emprender acciones.

La M.E.T.A.

Anteriormente, exploramos cómo definir una meta puede convertirse en una poderosa fuente de automotivación. Asimismo, destacamos la importancia de la forma en que se enuncia para lograr la fuerza deseada y, sobre todo, para que resulte eficiente. Utiliza el método que describimos previamente para definir tus metas como M edibles – E specíficas – T angibles – A lcanzables.

Los "para qués"

Nuestros "para qués" son una fuente de automotivación transformadora que genera la energía necesaria para emprender acciones con entusiasmo y determinación. Nos conectan con el sentido de nuestras acciones, siendo crucial identificarlos con valentía y confianza. A menudo, realizamos actividades sin experimentar la plenitud y satisfacción que buscamos. Encontrar sentido en nuestras acciones implica vincularlas con un propósito, una misión; es el fin último y más elevado de nuestros comportamientos.

Recordemos a autores como Víctor Frankl, psiquiatra y autor de *El hombre en busca de sentido,* quien tras sobrevivir al Holocausto identificó varios "para qués":

1. Amar y sentirse amado.
2. Superar dificultades.
3. Crear o construir algo.

Para identificar nuestros "para qués", debemos tener en cuenta algunas de sus características:

- Son concretos y tienen identidad.
- Conciernen a lo cotidiano.
- Trascienden la acción.
- Activan nuestros recursos internos.

- El reto converge con la capacidad, colocándonos en un estado de fluidez.
- Son atemporales.
- Silencian el diálogo interno.
- Se retroalimentan.

A continuación, te presentamos una secuencia de preguntas para identificar uno de tus "para qués":

1. Elige un "para qué" actual en tu vida.
2. ¿Cómo definirías la identidad (concreción) de tu "para qué"?
3. ¿Qué aspectos cotidianos están relacionados con/en él?
4. ¿Qué acciones provoca?
5. ¿Qué recursos moviliza?
6. ¿Sientes que es un reto?
7. ¿Sientes que tienes talento para ello?
8. ¿Puedes orientarte a ello en cualquier momento?
9. ¿Cómo son tus pensamientos cuando te orientas y/o estás en él?
10. ¿Puede ampliarse, crecer?

Pongamos un ejemplo: Imagina que has decidido ser médico. Seguramente, desde muy joven te interesaste por esta profesión y te visualizaste ejerciendo como tal. No obstante, es al considerar tus "para qués" cuando todo adquiere sentido: el esfuerzo, los años de estudio y los sacrificios.

Es posible que surjan frases como estas:

- Quiero ayudar a las personas a sanar.
- Quiero investigar nuevos tratamientos.
- Quiero estar al servicio de los demás.
- Quiero contribuir con mis conocimientos a la sociedad.

¿Se te ocurre alguna más?

Nuestros "para qués" van más allá de meras declaraciones sobre lo que deseamos hacer o llegar a ser; constituyen afirmaciones que movilizan nuestra voluntad, de ahí su poder. Conocer nuestro destino y entender el "para qué" activa nuestra automotivación, aportando la energía vital necesaria para llevar a cabo. Fomentará una actitud perseverante y la voluntad requerida para lograrlo.

Ahora que estás preparado, ¿Estás listo para descubrir los tuyos?

Los logros

Hemos explorado cómo nuestros logros despiertan en nosotros emociones placenteras que nos colman de energía y vitalidad. Revisa la herramienta que discutimos en páginas anteriores y recuerda que apoyarte en tus logros siempre será una fuente de automotivación accesible y útil.

Fuentes externas

El entorno físico

Ejerce una influencia inconsciente en nuestra motivación, ya sea a través de la luz, los sonidos, la temperatura, o los olores. ¿Tienes un rincón en casa al que siempre ansías volver? ¿Un sofá favorito? ¿Quizás una esquina particularmente bien iluminada, donde disfrutas de la lectura? Aunque estas fuentes pueden parecer intangibles, son perfectamente adecuadas para ser diseñadas y empleadas como generadoras de automotivación.

Podemos crear entornos físicos que nos impulsen hacia el logro de nuestras metas, provocando un estado de ánimo propicio para sentir que somos capaces de alcanzar lo que deseamos. Cada meta requiere un entorno físico específico, y tener esto en cuenta se convierte en una valiosa fuente de automotivación.

Existen numerosos ejemplos que demuestran cómo se diseñan espacios físicos para fomentar la motivación. Por ejemplo, los entornos educativos para niños suelen emplear colores vibrantes y diversos estímulos visuales y sensoriales. En las consultas pediátricas se cuida especialmente la ambientación, considerando la presencia de niños. Las oficinas de muchas empresas incorporan áreas bien iluminadas y jardines para mejorar el bienestar de los empleados. Los restaurantes cuidan su decoración para crear un ambiente acogedor y confortable. Incluso tu propio hogar seguramente refleja tus gustos y todo aquello que te hace sentir bien.

Nuestros referentes

Un referente actúa como un modelo a imitar, una fuente de inspiración que ilumina nuestro camino como un faro. Sus comportamientos y su forma de pensar establecieron pautas a seguir, y al observar su ejemplo invocamos recursos internos que se desbloquean con mayor facilidad, recordando el concepto de las neuronas espejo, capaces de reflejar en nosotros lo que observamos en otros.

Tu referente puede ser alguien distinguido y reconocido, pero también podría ser alguien de tu vida cotidiana o de tus relaciones interpersonales. Estas personas, con el tiempo, se convierten en guías y modelos a seguir.

Recorrer internamente el camino de nuestros referentes se revela como una fuente valiosa de automotivación. Imitar sus conductas puede ayudarnos a cultivar nuevos hábitos, y esos nuevos hábitos, a su vez, pueden conducir a la formación de pensamientos renovados.

¿Quiénes son tus referentes? ¿A quién recurres cuando tienes dudas en la toma de decisiones o al enfrentar un problema? Puede que te preguntes: ¿Cómo abordaría él o ella esta situación?

Nuestro entorno emocional

En ocasiones, sentimos que no podemos afrontar los desafíos en solitario; nos falta confianza o, simplemente, necesitamos apoyo. En esos momentos resulta crucial identificar en nuestro entorno a aquellas personas que pueden brindarnos la ayuda, el acompañamiento o el respaldo necesario para alcanzar nuestras metas o, simplemente, para no sentirnos solos. Sin embargo, no todas las personas que conforman nuestro entorno emocional son adecuadas como fuentes de automotivación. Es esencial realizar una reflexión en la que:

- Definir con qué personas deseamos contar.
- Identificar nuestras expectativas hacia ellas.
- Ser conscientes de lo que estamos dispuestos a ofrecer.
- Sentir confianza en su apoyo.
- Saber que son capaces de ayudarnos en la situación concreta y
- Comprobar que están disponibles para hacerlo.

Aquellas personas que nos quieren están deseando brindarnos su ayuda y pueden ser una excelente fuente de automotivación. Comienza por identificar a las personas importantes en tu vida y evalúa cómo pueden aportarte.

Rutinas de energía

La efectividad de estas fuentes de automotivación radica en la integración de hábitos saludables y motivadores en nuestra vida cotidiana. La Organización Mundial de la Salud define la salud como "un estado de completo bienestar físico, mental y social", y es solo desde este estado que podemos generar automotivación en nosotros mismos.

Hemos identificado cinco categorías de rutinas alineadas con las cinco dimensiones de la persona:

1. Rutinas Emocionales.
2. Rutinas Corporales.
3. Rutinas Mentales.
4. Rutinas Sociales.
5. Rutinas Espirituales.

En conjunto, las denominaremos "Rutinas de energía" para inspirarnos a incorporarlas en nuestra vida.

Rutinas emocionales

La dimensión emocional es la parte de nosotros constantemente activada por respuestas emocionales. Se presenta la oportunidad de automotivarnos de manera saludable al utilizarlas sabiamente. Aquí algunas sugerencias:

1. **Adopta una mentalidad de abundancia**, y cree que todo lo que deseamos está disponible y que contamos con los recursos para crear la realidad que necesitamos. Deja atrás pensamientos de resignación, queja y escasez, y transforma tu enfoque de "vivir lo que sucede" a "crear lo que quiero vivir". Este cambio inicial debe ir seguido de acciones concretas y focalización en tus metas.
   Es común encontrar personas que expresan constantemente pensamientos negativos y pesimistas:

- "El ambiente en mi trabajo es terrible. Tenemos un jefe lamentable y todo va de capa caída".
- "El mundo está perdido; si seguimos así, nos destruiremos".
- "Todo me sale mal. Estoy pasándolo fatal".

Estas expresiones reflejan una mentalidad de escasez, donde la vida se percibe como un problema en lugar de una oportunidad. Desarrollar una mentalidad de abundancia contribuirá a sentirnos motivados y activará posibilidades y recursos.

Esto no quiere decir que no existan situaciones y momentos de vida difíciles, sino que no debemos permanecer en una actitud de víctima frente a los hechos, sino asumir nuestra responsabilidad en cómo los vivimos.

2. **Mantén una higiene verbal**: utiliza un lenguaje ecológico y positivo. Elige palabras que contribuyan a crear la realidad que deseas. El lenguaje no solo describe la realidad, sino que también tiene el poder de modificarla. Por ello, te animamos a "ponerte a dieta" de palabras tóxicas y optar por expresiones tranquilizadoras, impulsoras, optimistas y potenciadoras. Observa el impacto de frases como:
   a. "Es muy improbable que encuentre pareja".
   b. "Prácticamente diría que es imposible que apruebe la oposición".
   c. "Nunca puedo conseguir lo que quiero".

Al ajustar tu lenguaje, transformas no solo tu forma de comunicarte, sino también tu realidad.

Compáralo con estas:

a. Estoy decidido a encontrar pareja
b. Voy a concentrarme en aprobar la oposición
c. Me estoy planteando cambiar la estrategia para conseguir lo que quiero

¿Con cuál te quedas?

3. **Acepta tus emociones:** Reconoce y acepta tus emociones: El primer paso consiste en ser consciente de tu estado emocional, evitando negar lo que estás experimentando. Si te encuentras triste, permítete vivir esa emoción y conecta con esa parte de ti que también forma parte de tu identidad. Es fundamental no juzgarnos, evitando así declararnos culpables de determinadas situaciones. Al validar nuestras emociones, adquirimos comprensión y conocimiento sobre nosotros mismos. Este mayor entendimiento emocional nos brinda confianza, estableciendo una base sólida para avanzar hacia nuestras metas y objetivos.

Rutinas corporales

1. **Establece una alianza contigo mismo para el autocuidado:** Comprométete contigo mismo; programa citas regulares para acordar y fortalecer una alianza dedicada a tu bienestar. Define la cantidad de horas que dedicarás al sueño, la frecuencia del ejercicio y tus preferencias alimenticias. Además, declara tus expectativas para las relaciones y establece cómo abordarás situaciones en las que te sientas invadido. Asegúrese de incluir todos los aspectos de los cuidados físicos, como las revisiones médicas. Implementa señales que te alertan si no estás cumpliendo con tus objetivos; por ejemplo, si alguien interrumpe tu tiempo de ocio con una llamada laboral, lo tomarás como una señal para comunicarte que durante tus momentos de descanso no atenderás el teléfono.

2. **Practica la respiración consciente:** Observa tu forma de respirar. Así como cuidamos nuestro lenguaje y nuestras palabras, también debemos prestar atención a nuestra respiración. Sorprendentemente, dedica unos minutos a la respiración consciente cada mañana al despertar, en la ducha o antes de comenzar el trabajo oxigena el cuerpo, tranquiliza la mente y permite dirigir la atención hacia lo que más nos interesa.

3. **Adopta una alimentación saludable:** Más que una moda, cuidar los ingredientes que consumimos es una responsabilidad hacia nuestro cuerpo. La alimentación saludable implica proporcionar los nutrientes necesarios para cubrir nuestras demandas nutricionales en diversas etapas de la vida. Cada individuo tiene necesidades nutricionales únicas según la edad, el género y la actividad física. Este no es el contexto para ofrecer consejos específicos, pero es crucial ser consciente de los beneficios de esta práctica y cómo influye en nuestra motivación. Si decide incorporar hábitos alimenticios saludables, busca asesoramiento de expertos para diseñar una dieta equilibrada y agradable. Comer de manera saludable contribuirá a tu longevidad, mejorará el tono muscular, la inmunidad, la digestión y tus oportunidades de descanso. ¿Por dónde planeas comenzar?

4. **Desarrolla la atención plena para escuchar a tu cuerpo:** Construir una buena relación con tu cuerpo implica aprender a escucharlo. Para lograrlo, es necesario preparar tanto la mente como el cuerpo. Iníciate respirando profundamente para enfocar la atención en los pensamientos relevantes y desestimar distracciones. Asegúrate de que tu postura sea propicia para esta escucha, ya que la disposición de tus brazos, manos y piernas puede influir en tu receptividad. Escucha a tu cuerpo sin juzgar ni prejuzgar, permitiendo que la información sobre cada parte llegue sin filtros. Te comparto un ejercicio sencillo para cultivar esta conexión contigo mismo:

El scanner corporal[2]

PASO 1 – Encuentra una postura cómoda

- Asegúrate de disponer de un espacio cómodo donde nada ni nadie te moleste y puedas dedicarte a esta exploración corporal.
- Elige la postura, sentado o tumbado en una colchoneta.

PASO 2 – Respira profundamente

- Toma un par de respiraciones profundas.
- Aprovecha para sentir el contacto de tu cuerpo con el suelo o con la colchoneta.
- Siente desde el talón hasta la cabeza.
- Inhala y exhala profundamente un par de veces.
- Comienza tu escáner corporal.

PASO 3 – Pon toda tu atención en tu cuerpo, empieza por los pies

- Con la siguiente exhalación lleva tu atención al dedo gordo del pie derecho. Recórrelo y da oportunidad a que tu atención capte las sensaciones que te indican que está ahí el dedo gordo de tu pie derecho.
- A continuación, sigue recorriendo cada uno de los dedos de tu pie con esta atención abierta. Se trata de prestar atención a lo que hay: calor, frío, humedad, contacto con el calcetín. Al llegar al dedo pequeño de tu pie derecho, presta atención a la unión de los dedos con la planta del pie. Ahora comienza a recorrer el espacio que hay desde la unión de los dedos hasta el talón. Comienza por la parte interna llevando tu atención primero al arco, después al talón, bordeando la parte externa del pie, así como la planta del pie en su totalidad.

---

2. Adaptado del Ejercicio de Scanner Corporal realizado por Ana Lara – Profesora Cualificada del Center for Mindfulness UMASS y Brown Universito.

- Ahora lleva tu atención a la parte superior de los dedos de tu pie. Comienza a recorrer la parte del empeine, tu piel, por la parte superior y por los bordes, interior y exterior hasta llegar al tobillo.
- Observa si hay algo que te indica que en esta parte de tu cuerpo hay una unión con el resto de tu pierna. Presta atención al hueso que sobresale por la parte externa, pasando por el frente y llegando al otro lado de tu tobillo.
- Ahora comienza a subir desde el talón por la pantorrilla. Lentamente haciéndote consciente del contacto del suelo con tu pierna derecha. Tu pierna derecha apoyada en el suelo, vamos subiendo poco a poco hasta subir a la rodilla por la parte posterior.
- Recorre el espacio que hay por la parte de delante desde el tobillo hasta la parte delantera de tu rodilla y después cada uno de los lados de tu pierna, tu pierna derecha interior y exterior desde el tobillo a la rodilla. Al llegar a la rodilla, intenta imaginar los huesos que intervienen en esa articulación, los tendones, los músculos que se insertan permitiendo el movimiento de tu pierna, permitiendo el movimiento de la parte inferior con la parte superior.
- Al llevar tu atención a la parte trasera de tu rodilla, tal vez puedas notar el hueco, el espacio que queda libre. Después recorre tu rodilla en toda su extensión.
- Comienza a ascender por el muslo derecho y ve recorriendo la parte delantera desde la unión con tu rodilla hasta llegar a la inserción con la cadera.
- Recorre la parte interna del muslo, después el borde exterior que está en contacto con el aire y después la parte de atrás que está en contacto con el suelo y observa si notas alguna diferencia.
- Todo lo que sientas está bien, si no sientes nada, también está bien.
- Se trata de prestar atención a lo que hay en este momento.

- Con la siguiente inhalación hazte consciente de tu pierna derecha en su totalidad y del dedo gordo del pie hasta la intersección con la cadera. Percíbela como un todo integrado.
- Ahora lleva tu atención a tu pierna izquierda, comenzando por el dedo gordo del pie izquierdo.
- Lleva tu atención a cada uno de los dedos del pie.
- Haz el mismo recorrido que has hecho con la pierna derecha.

PASO 5 – **Sigue explorando las diferentes áreas de tu cuerpo**

- Lleva ahora tu atención a tus genitales y comienza lentamente a subir desde el sacro hacia tu espalda, recorre tu columna, primero la zona lumbar y posteriormente la zona de la cintura, los dorsales.
- Lleva tu atención a la zona de los omoplatos, tal vez puedas sentir que esa zona se apoya con más firmeza en el suelo.
- Sigue el recorrido por tu columna como si fueran pequeñas bombillas que se encienden mientras recorres toda tu columna hasta llegar a las vértebras cervicales.
- Ahora siente toda tu espalda apoyada en el suelo.
- Fíjate ahora en la zona de los hombros y comienza a recorrer cada uno de tus brazos. Primero el derecho y luego la mano derecha. Dedo meñique, anular, corazón, índice y pulgar.
- Intenta ver si puedes sentir el espacio que hay entre cada uno de tus dedos. Lleva entonces tu atención a la unión que hay con la palma de tu mano.
- Recorre la palma de tu mano y hazte consciente del espacio que hay desde la base de tus dedos hasta llegar a la muñeca.
- Ahora recorre la parte superior de tu mano, desde los dedos hasta llegar a la articulación de la muñeca.
- Comienza a subir por el antebrazo y recorre el espacio que hay desde la muñeca hasta el codo que está apoyado en la superficie.

- Lleva ahora tu atención a la parte superior de tu brazo y recorre también cada uno de los lados. La parte interna que está cerca de tu pierna y la parte externa que no está en contacto con nada.
- Fíjate ahora en tu codo y observa si tienes alguna sensación diferente, de frío, de calor y comienza a subir por el antebrazo, desde el codo hasta la axila.
- Ahora, por el borde interior y después por el borde exterior hasta llegar al hombro.
- Sigue la línea de la clavícula y cruza por enfrente recorriéndola hasta llegar al brazo izquierdo lleva tu atención al dedo meñique de tu mano izquierda.
- Repite el mismo recorrido que has hecho con tu mano derecha.
- Pon tu atención ahora en tu hombro. Recorre la superficie redonda y observa tus sensaciones.
- Ahora, pon tu atención en la zona del cuello.
- Comienza a recorrer tu cuello desde la intersección con la clavícula hasta llegar a la zona de la cabeza.
- Ahora siente el contacto y el peso de tu cráneo apoyado en el suelo.
- Recorre toda la zona del cráneo y hazte consciente de tus orejas. Sigue recorriéndolo hasta llegar a la zona de la frente.
- Ahora baja desde la frente y nos hazte consciente de tus ojos, de tu nariz, la mejilla, tus labios, la lengua dentro de la boca. Tal vez notes humedad, o sequedad y llevas tu atención a la mandíbula.
- Recorre tu mandíbula desde el nacimiento de la oreja derecha hasta el nacimiento de la oreja izquierda.
- Lleva ahora tu atención a la zona de la garganta, por la parte delantera del cuello por cada uno de los bordes interior y exterior.
- Si quieres puedes hacer un pequeño gesto de tragar para sentir tu garganta.

- Comienza a bajar por tu pecho y lleva tu atención a la zona de las costillas intentando percibir si sientes tu respiración en el pecho, como sube y como baja con cada inhalación y exhalación.
- Baja hasta llegar al esternón, al estómago y te hazte consciente de tu ombligo, intentando percibirlo como la zona en la que estuvimos unidos a la vida en nuestros primeros momentos.
- Con la siguiente exhalación te haces consciente de tu pelvis y de todo el contorno de tu cuerpo, desde tus pies hasta tu cabeza. Percíbelo como un todo.

PASO 6 – **Agradece la experiencia y termina**

- Ahora haz un par de respiraciones profundas y agradécete a ti mismo por este tiempo que has dedicado a percibir tu cuerpo y entrar en contacto con él.
- Poco a poco vas moviendo los dedos de las manos, los dedos de los pies y te giras hacia el lado izquierdo del cuerpo recogiendo las piernas.
- Quédate un momento quieto hasta que sientas que puedes ir incorporándote lentamente.
- Has terminado el ejercicio de exploración corporal.

El escáner corporal es una Rutina de energía centrada en la atención introducida por el Dr. Jon Kabat-Zin[3] en su programa MSBR[4] y está considerado una técnica de atención plena que te ayudará a empezar a relacionarte y escuchar tu cuerpo. Te ayudará a identificar dolores, a mejorar el sueño, a aliviar el estrés, condiciones necesarias para desarrollar una buena automotivación.

1. **Haz ejercicio físico:** Decide realizar cualquier movimiento con tus músculos que movilice la energía. Elige aquello que más te

3. Dr. Jon Kabat-Zinn (1944) profesor emérito de Medicina y fundador del programa de reducción del estrés basado en la técnica MSBR de atención plena
4. MSBR (Mindfulness Based Stress Reduction) Programa basado en sesiones de teoría y práctica de meditación y yoga con el objetivo de reducir la ansiedad y el estrés.

guste o que más se alinee con tu estilo de vida. Puede tratarse de conectarte a un programa de yoga en YouTube, o de correr, nadar, andar, jugar un deporte en equipo o simplemente realizar unos estiramientos cada día.

Se trata de buscar ocasiones cotidianas para reducir el tiempo sedentario. Incorporar la rutina física mejora nuestra salud mental, nos ayuda a tener mayor habilidad para pensar, aprender y tomar decisiones. Sin duda reducirá el riesgo de que sientas depresión o ansiedad y además de favorecer un mejor descanso.

No es necesario insistir en la importancia de esta salud corporal y mental para poder automotivarnos, ni de elegir por ti cual va a ser tu elección. Ahí te lo dejamos.

Rutinas mentales

1. **Selecciona la información:** Uno de nuestros mayores factores estresantes y desmotivantes en la sociedad actual es la gran cantidad de información a la que tenemos acceso. La importancia de seleccionar bien la información radica, entre otras cosas, en que tenemos que invertir el tiempo adecuado, o sea, no perder mucho tiempo en leer temas que no nos aportan. Así mismo, resulta esencial contar con fuentes de información fiables.

   Cada uno de nosotros elabora ideas y conclusiones en función de lo que vemos, oímos o leemos. Si la información que adquirimos no es la adecuada, es posible que pueda afectarnos negativamente e impedirnos interpretar la realidad de forma conveniente.

2. **Alimenta tu intelecto:** Entrenar nuestra mente es tan importante como cuidar el cuerpo. Podemos incorporar algunos hábitos que nos ayudarán en esta rutina mental. Sin duda leer (haciendo una buena selección de lo que queremos) es uno de los hábitos más fáciles y eficientes, pero también es importante, por ejemplo que

nos rodeemos de personas que nos ayuden a aprender, a crecer a retarnos con frecuencia.

Con el tiempo hemos descubierto que una de las fórmulas más enriquecedoras para ejercitar la mente, es mostrando a otros lo que sabemos, lo que descubrimos, lo que experimentamos. ¿Lo has probado? ¿Has probado a contarle a alguien tu último aprendizaje? Resulta que después te das cuenta de que sabías más de lo que creías.

Si a estas rutinas le sumas la música; tocar un instrumento o escucharlo, estarás activando neurotransmisores como la serotonina que contribuirá en gran medida a que actives la dopamina también, responsable final de tu capacidad para automotivarte.

Y, por último (aunque estamos seguras de que a ti se te van a ocurrir más) incorpora prácticas de meditación que te ayuden a controlar tus ondas cerebrales. Quizás deberíamos profundizar en lo que es la meditación y los grandes beneficios que aporta, pero eso lo dejamos para otro libro.

3. **Toma decisiones:** Para ser el protagonista de tus decisiones, tienes que saber elegir entre diferentes alternativas haciendo un trabajo de reflexión y de independencia. También de esta forma, te harás responsable de las consecuencias y te irás construyendo a ti mismo con seguridad y autoconfianza.

   La toma de decisiones nos ayuda a tener un mayor control de nuestras vidas. Aprender de los éxitos y de los fracasos nos define y nos permite valorar y considerar cualquier situación para elegir la opción que más se alinee con lo que somos, con nuestros valores y con los objetivos que queremos conseguir.

A veces tenemos la tentación de tomar decisiones de una forma impulsiva, sin reflexión. Si lo hacemos así, no descubrimos los riesgos de cada alternativa y es posible que no consigas los resultados que esperas y puedas interpretarlo como un fracaso. Esto será muy desmotivante. Otras veces, nos dejamos llevar por lo que dicen o hacen los demás y entonces dejaremos de ser los dueño de nuestras elecciones lo que nos puede hacer sentir inseguros y en muchos casos, dar lugar a la aparición de la ansiedad y la angustia.

Para una buena toma de decisiones, te sugerimos seguir estas pautas:

- Identifica la situación sobre la que tienes que tomar la decisión.
- Elabora diferentes planteamientos seleccionando adecuadamente la información relevante.
- Investiga los riesgos en cada opción.
- Descarta alternativas y escoge la que más resuena contigo.

Una buena toma de decisiones te ayudará a impulsar tu motivación para la consecución de tus metas, de lo contrario, incurriremos en errores como consecuencia de decisiones irracionales y como sugerimos antes, generará en nosotros un sentimiento de frustración.

Rutinas sociales

1. **Mantén contacto con tu familia y amigos:** La familia y los amigos son fundamentales para provocar emociones positivas, cubren nuestra necesidad de pertenencia, mejoran la confianza en nosotros mismos y por tanto nuestra autoestima. Son la fuente más nutritiva para sobrellevar las situaciones difíciles. Cuando mantenemos relaciones sociales saludables y consolidadas, mejoramos nuestro bienestar emocional y estamos más predispuestos a tener un alto rendimiento en nuestros quehaceres cotidianos.

   En esencia, todos tenemos una predisposición natural a relacionarnos con las personas a las que queremos porque son una de nuestras fuentes principales de felicidad.

   Pero a veces, nos olvidamos de cuidar estas relaciones y entonces tenemos el riesgo de aislarnos, dejar de activar nuestras endorfinas y, por tanto, encontrarnos sin energía para conseguir una actitud proactiva para conseguir lo que queremos.

Desde tiempos inmemoriales, desde Aristóteles hasta Cyrulnik[5] podemos encontrar escritos que hablan de esto. La tecnología ha hecho que cambiemos las formas, pero el fondo de nuestra necesidad de relación es la misma porque nuestra naturaleza no ha cambiado. Las relaciones gratificantes siguen siendo una fuente indudable de alegría y felicidad.

Cuidar a nuestros familiares y amigos es una elección. Preocuparte y ocuparte de sus vidas, de sus necesidades y de sus intereses no solo les aporta a ellos, a ti te llena de amor y de gratitud y ya veremos luego cómo la gratitud es uno de los valores más "rentables" que podemos activar cada día.

2. **Decide ser empático:** Decimos que decidas porque ser empático es una intención. Es verdad que para algunas personas es más fácil que para otras, pero en muchas ocasiones, se trata de decidir serlo. Hacer el ejercicio de entender la experiencia de la otra persona desde su perspectiva, implica ponerse en sus pies (comúnmente decimos ponerse en sus zapatos), sentir lo que el otro está sintiendo, sobre todo, cuando no coinciden nuestros puntos de vista.

   Para ser empático necesitamos ser sensibles, saber escuchar y ser respetuosos y tolerantes. Necesitamos comprender que cada persona tiene necesidades y metas diferentes y que debemos tratar a cada uno de acuerdo con sus circunstancias.

   Cuando somos capaces de ser empáticos, nos sentimos mejor con nosotros mismos, es mucho más fácil resolver los conflictos y

5. Boris Cyrulnik, 26 de julio de 1937 (86 años) es neurólogo, psiquiatra psicoanalista y etólogo francés. Director de estudios de la Facultad de Ciencias Humanas de la Universidad de Sud-Toulon (Var) y responsable del equipo de investigaciones en etología clínica del Hospital de Toulon. Sus trabajos le han permitido desarrollar el concepto de la resiliencia, como un renacer del sufrimiento.

desarrollar en nosotros una habilidad social fundamental para tener relaciones saludables.

Entrenar la empatía significa aprender a escuchar de forma activa, acercarnos a los demás sin prejuicios y mostrar ese genuino interés que hacer saber a la otra persona que te interesa lo que te está contando. Sin duda, si la persona con la que estás siente tu empatía, se alimentará tu bienestar lo que contribuirá a que puedas seguir avanzando hacia tus objetivos, te sentirás pleno y motivado para alcanzarlos.

3. **Cuida y déjate cuidar:** Pon en marcha acciones y actitudes que contribuyan de una manera consciente a tu bienestar emocional, físico y social. No es posible que puedas cuidar a otros si primero no te cuidas a ti mismo. Cubrir tus necesidades debe convertirse en una prioridad. Te dará estabilidad y seguridad y así podrás enfocar tus energías a cuidar a otros.

   El autocuidado lleva consigo un compromiso contigo mismo en todas las áreas de tu vida. Te mostramos aquí una práctica que te ayudará a identificar las áreas de tu vida con las que te sientes satisfecho y con las que no. La llamamos La Rueda de la Vida y ofrece una toma de conciencia acerca del momento vital en el que nos encontramos, a través de un autoanálisis de las diversas áreas que componen nuestra vida. Nos permite observar los aspectos en los que debemos trabajar y mejorar para alcanzar una mayor satisfacción.

Objetivo de la práctica: Obtener una mejor percepción y perspectiva respecto a las áreas que forman parte de nuestro día a día, identificando la importancia que otorgamos a cada uno de nuestros ámbitos vitales y observando cuáles precisan de nuestra atención por no resultar todo lo satisfactorios que nos gustaría.

Desarrollo:

a. Dibuja un círculo como el que ves en la imagen y divídelo en 8 segmentos diferentes. Cada uno de ellos va a representar las diferentes áreas vitales:

   (a) Amigos
   (b) Afectividad
   (c) Mi cuerpo
   (d) Ocio
   (e) Economía
   (f) Estudios
   (g) Crecimiento personal
   (h) Trabajo

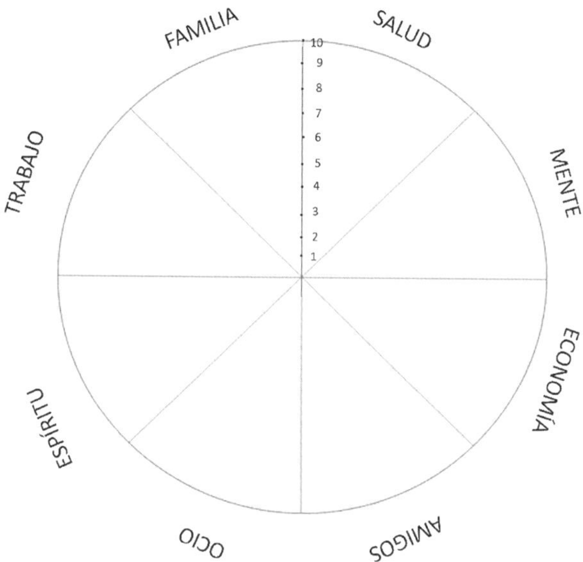

Figura 14. La Rueda de la vida.
Imagen propia: Olga Cañizares.

Si quieres trabajar esta herramienta directamente en tu móvil u ordenador, puedes descargarte la aplicación APKpure https://m.apkpure.com/es/la-rueda-de-la-vida/com.rueda.southfang.ruedadeautoestima o Life Wheel https://play.google.com/store/apps/details?id=com.paramapp.lifecircle&hl=es&gl=US y podrás realizarla desde la propia app. También puedes buscar en internet plantillas que te ayude.

b. **Puntúa cada área**: elige una puntuación para cada una de las áreas **de acuerdo con el grado de satisfacción** que sientes respecto a ella. Podrás valorarla del 1 al 10, siendo 10 el nivel más alto. Cuanto más baja es la puntuación más cerca del centro se situará y cuanto más elevada más cercana al borde.

c. **Une las áreas:** Une los puntos que has dado a cada área y observa la forma que toma tu Rueda de la Vida.

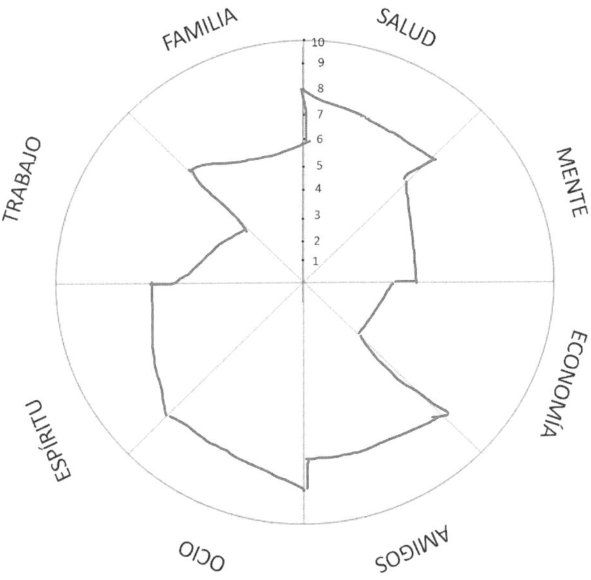

Figura 15. La Rueda de la vida completada.
Imagen propia: Olga Cañizares.

d. **Observa:** si la forma resultante de las líneas está en armonía y se asemeja a un círculo significa que existe un nivel de equilibrio en tu vida. Por otro lado, la forma irregular, con diversos picos y altibajos, revela aquellas áreas en las que es necesario trabajar para aumentar los niveles de satisfacción. Es habitual que obtengas una rueda con aspectos desiguales lo que te indicará que el esfuerzo y el tiempo invertidos no están siendo del todo efectivos.

e. **Elige:** Una vez identificadas aquellas áreas con las que no te encuentras completamente satisfecho, pregúntate si es realmente importante la mejora de satisfacción en esta área concreta. Si la respuesta es que sí, entonces es necesario cambiar el enfoque que tenías hasta el momento. Después de esto, debes decidir en qué áreas, vas a comenzar a trabajar. Será también interesante que analices las relaciones entre los diferentes ámbitos, ya que esto también puede ayudarte a tomar una decisión al respecto.

f. **Haz un plan de acción:** El último paso es establecer un plan de trabajo con aquellas áreas que has decidido. Investiga posibles estrategias a seguir, define objetivos concretos y a corto plazo para llegar a la meta u objetivo final. Haz una lista de tareas, horarios y esquemas visuales que te ayuden. Por último, establece hitos de seguimiento para poder realizar ajustes en tu plan si lo necesitas.

4. Usa el trío: Por favor, gracias y te quiero

Existen palabras que poseen el poder de abrir puertas, y dos de las más significativas son "por favor" y "gracias". A todos nos agrada que nos soliciten permiso y que expresan gratitud. El hecho de ser tratado con respeto es una aspiración compartida que, cuando no se materializa, genera un malestar que, aunque no siempre identificamos de inmediato, nos deja intranquilos.

La amabilidad hacia los demás marca una diferencia notable y es apreciada en todos los ámbitos. Estas no son solo expresiones de educación y civismo, sino también manifestaciones de amabilidad y cuidado interpersonal. Estas palabras no solo fortalecen nuestras propias cualidades, sino que generan resultados positivos para nosotros. Practicar buenos modales nos convierte en individuos corteses, mejora nuestras relaciones y hace que la convivencia sea placentera.

Decir "te quiero" implica la consideración y el cariño que sentimos por los demás. Todos disfrutamos sintiendo el afecto de los demás, y esto nos predispone a adoptar una actitud generosa y cálida hacia los demás. Mantener contacto visual con una leve sonrisa nos llena de alegría, esperanza y pasión. Es una manera de expresar aceptación hacia los demás tal como son, ya sea enojados, tristes, exitosos o ante dificultades.

Expresar un "te quiero" establece una conexión genuina con la otra persona y refuerza nuestros propios sentimientos. Demostrar que valoramos a alguien es asumir una responsabilidad emocional, es comunicar cómo nos sentimos y qué experimentamos. Decir "te quiero" es, según el diccionario emocional, una caricia que nutre el alma.

Rutinas espirituales

1. Vive con gratitud: una actitud transformadora

La vida impulsa su verdadero significado cuando se vive con gratitud, una práctica que implica reconocer las bondades que se entrelazan en nuestra cotidianidad. Detenerse, centrarse y valorar aquellas pequeñas cosas que contribuyen a nuestro bienestar y motivación se convierte en un ejercicio esencial.

Cultivar el hábito de agradecer despierta automáticamente nuestro ánimo, dirige nuestra energía hacia situaciones y personas que enriquecen nuestra existencia, y nos permite encontrar la alegría en lo sencillo, prescindiendo de grandes expectativas que, en última instancia, podrían defraudarnos.

A menudo damos por sentado elementos esenciales, sin percatarnos de que su ausencia nos sumiría en un malestar y escasez. En ese escenario, nuestros pensamientos nos conducirían hacia la sensación de ser víctimas de las circunstancias, entregando nuestro poder y debilitando nuestra capacidad de automotivación.

La automotivación, según lo planteado en este libro, emerge como el catalizador de nuestra satisfacción y la piedra angular de nuestra responsabilidad frente a la realidad. Vivir con gratitud se presenta como el argumento más sólido para impulsar este motor interno.

En consonancia con la filosofía de este libro, nos es grato compartir ideas prácticas, aplicables sin necesidad de complicadas teorías académicas. Para incorporar la gratitud a tu día a día, considera estos hábitos sencillos pero transformadores:

- Comienza cada día abriendo los ojos y observando tu entorno, agradeciendo el momento presente.
- Elige diariamente a una persona a la que expresarle tu agradecimiento, mirándola a los ojos.

- Reflexiona semanalmente sobre a quién debes agradecer en tu pasado o presente para contribuir a la persona que eres hoy.
- Siente la gratitud que emerge de estos pensamientos reflexivos.
- Al realizar compras, internaliza el ejercicio de agradecer por esa adquisición.
- Conéctate con la naturaleza al menos una vez al mes, expresando gratitud por todo lo que ves y experimenta.

Estos simples hábitos te permitirán incorporar la gratitud de manera práctica y significativa en tu vida cotidiana.

2. **Adopta una perspectiva amplia para enfrentar los desafíos**

En la travesía de la vida, todos experimentamos momentos complejos, difíciles e incluso tormentosos. Tomar decisiones puede ser un desafío, ya veces nos enfrentamos a una realidad que no habíamos anticipado. En esos momentos, la decepción puede eclipsar nuestra cotidianidad, robándonos la posibilidad de experimentar bienestar.

Salir de nuestra experiencia personal y contemplar más allá de nuestro propio punto de vista es esencial para acercarnos a la neutralidad y disfrutar de nosotros mismos sin verso condicionados por las circunstancias. Para lograrlo, es beneficioso seguir estos pasos:

1. **Observa tus pensamientos, sentimientos y diálogo interno:** Concientiza tus pensamientos y emociones, así como el diálogo interno que construye contigo mismo.
2. **Elige un comportamiento alineado con tus objetivos:** Selecciona conscientemente el comportamiento que te ayudará a alcanzar lo que deseas.
3. **Haz y plantea cambios necesarios:** No dudes en realizar los cambios que considere necesarios para mejorar tu situación.

4. **Recuerda que todo pasará:** Tomar conciencia de que el momento presente es solo un instante, un pequeño grano de arena en la extensión de tu vida, te brinda perspectiva.
5. **Imagínate en la piel de otra persona:** Visualiza la situación desde la perspectiva de otra persona que vive tu misma experiencia. ¿Cómo la enfrentaría?
6. **Conversa con tu yo del pasado:** Interactúa con tu yo del pasado y pregúntale cómo puede ayudarte a sobrellevar la situación presente.
7. **Habla con tu yo del futuro:** Anticípate al futuro y consulta con tu yo futuro para obtener su perspectiva y consejo. Seguramente, has reflexionado en ocasiones sobre cuál será tu percepción de los acontecimientos actuales dentro de una década. Esta visión del futuro reduce la carga emocional del momento presente, permitiéndonos ampliar nuestra perspectiva para su interpretación.

3. Descubre y persigue tu propósito de vida: el concepto japonés de Ikigai

Hallar un sentido o propósito de vida no es una tarea sencilla, pero puede convertirse en la brújula que guía nuestro día a día. En Japón, han desarrollado el concepto de Ikigai, derivado de la combinación de "iki" del verbo "ikuru" que significa vida diaria, y "gai" que se traduce como valor. Ikigai suele interpretarse como la felicidad de estar siempre ocupado, haciendo aquello que nos apasiona y da significado a nuestra existencia. La filosofía de Ikigai no se limita a la búsqueda convencional de la felicidad; es mucho más amplia y profunda. Se centra en identificar en nuestra esfera particular de la vida lo que da sentido y propósito a nuestras acciones. No necesariamente tiene que ser algo grandioso; más bien, debe convertirse en esa brújula que nos ayuda a navegar por la vida. Vamos a explorar y aprender a construir nuestro propio Ikigai. Aunque existen diversas interpretaciones del concepto en internet, aquí te presentamos nuestra versión inspirada en el libro *Ikigai: El secreto japonés para una larga y feliz vida* de Héctor García y Francesc Miralles[6].

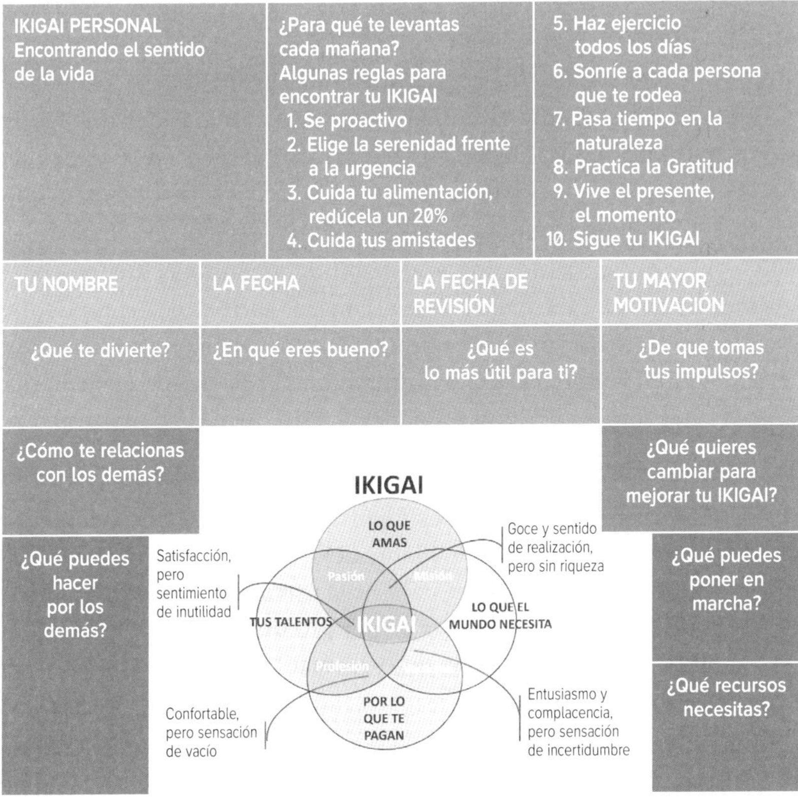

Figura 16. Ikigai personal.

Imagen propia: Olga Cañizares.

6. Francesc Miralles y Héctor García son los fundadores y los primeros divulgadores de la filosofía Ikigai aplicada a Occidente. Francesc Miralles (Barcelona, 1968) es licenciado en Filología Alemana. Su novela: "Un haiku para Alicia" obtuvo el premio Gran Angular de literatura juvenil.

Pasos para construir tu Ikigai:

1. **Identifica tus pasiones**

   Examina aquellas actividades que te apasionan y que te hacen sentir vivo. Estas son las cosas que disfrutas hacer sin que el tiempo parezca importante.

2. **Descubre tus habilidades**

   ¿Cuáles son esas destrezas que dominas sin esfuerzo, aquellas en las que te desenvuelves de manera casi automática y que todos reconocen? Seguramente, aquello en lo que destacas y disfrutas haciendo está vinculado con tu pasión, con ese ámbito en el que te sientes plenamente realizado.

   Nuestros talentos son esas habilidades innatas que nos permiten llevar a cabo ciertas tareas con una facilidad sorprendente. Identificar lo que se te da realmente bien implica reconocer dónde convergen la inteligencia y la creatividad, trabajando en armonía para hacer que ciertas actividades fluyan de manera natural.

3. **Descubre tu pasión: un viaje hacia la autorrealización**

   El tercer paso esencial es identificar tu pasión, ese elemento que amas profundamente. Plantéate las preguntas fundamentales: ¿Qué es lo que amo? ¿Cuál es esa actividad que desearía realizar de forma continua? La magia ocurre cuando entrelazas lo que amas con aquello en lo que eres habilidoso.

   Cuando te conectas con lo que amas, despiertas una pasión que fluye de manera natural. Te entregas a lo que sientes como tu misión, ese propósito que da significado a tu existencia y responde a preguntas fundamentales como ¿Quién soy? ¿Para qué estoy aquí? ¿Cuál es el sentido de mi vida?

   Definir tu misión te empodera. Pones foco en cada acción y te integras sin esfuerzo en los entornos necesarios para llevar a cabo tu propósito. Este descubrimiento no solo te permite disfrutar, sino que también te brinda un profundo sentimiento de autorrealización.

Una vez que has desentrañado tu misión, es el momento de explorar y cuestionarte qué es lo que realmente deseas lograr. Este proceso de autorreflexión te guiará hacia una trayectoria alineada con tus valores y te llevará a un estado de plenitud y satisfacción personal.

4. **Descubre tu vocación: uniendo lo que el mundo necesita de ti**

   El cuarto paso nos invita a explorar lo que el mundo necesita de nosotros ya conectarnos con nuestra vocación, esa inclinación innata que nos impulsa hacia un estilo de vida específico ya sea en el ámbito profesional o espiritual. Aquí se ponen en juego nuestros gustos, intereses, habilidades, personalidad y nuestra perspectiva única de interpretar la realidad y enfrentar los acontecimientos.

   La misión y la vocación se entrelazan armoniosamente para permitirnos cumplir con aquello que el mundo espera de nosotros. Cuando nos alineamos con esta dualidad, no solo disfrutamos de lo que hacemos, sino que también surge la posibilidad de convertirlo en nuestra forma de vida. Si nuestras habilidades y pasiones coinciden con las necesidades del mundo, se crea un espacio donde no solo somos auténticos y disfrutamos de nuestras acciones, sino que también existe la posibilidad de vivir de ello.

   Vamos a por el siguiente paso de tu Ikigai.

5. **Encuentra tu Ikigai: integrando pasiones, habilidades y remuneración**

   En el quinto paso, nos sumergimos en la reflexión sobre aquello por lo que recibimos remuneración. Hemos establecido que la vocación se vincula más estrechamente con una ocupación relacionada con nuestros gustos personales, mientras que la profesión es simplemente la actividad que desempeñamos. Ahora, es el momento de considerar qué habilidades o conocimientos creemos que el mundo estaría dispuesto a pagarnos.

Pregúntate a ti mismo: ¿Qué aspectos de mi vida podrían generar compensación económica? Puede ser tu habilidad para tocar el piano, tu dominio de varios idiomas, tu grado en filosofía o tu máster en recursos humanos.

En última instancia, se trata de encontrar el equilibrio entre lo que ama, en lo que eres competente, por lo que te pagan y, además, lo que el mundo necesita. Es en este equilibrio que descubrimos nuestro Ikigai. Sin embargo, ¿qué sucede cuando alguna de estas dimensiones está desequilibrada? Por ejemplo, podrías estar involucrado en algo que amas y en lo que eres talentoso, pero si no recibes remuneración, podrías ser feliz pero económicamente limitado, lo que no equivaldría a encontrar tu Ikigai.

Cuando elaboramos nuestro Ikigai por primera vez, experimentamos entusiasmo y curiosidad al responder las preguntas que nos plantea la herramienta. Aunque parezca completado, con el tiempo surgen nuevas ideas que nos hacen sentir inquietud porque hemos pasado por altos aspectos importantes.

Nuestra sugerencia es que anotes estas nuevas ideas en algún lugar aparte. Después de un tiempo (pueden ser semanas, meses o incluso un año), utiliza el Canvas proporcionado para completar tu Ikigai con todas las anotaciones, respondiendo nuevamente a las preguntas sugeridas. Esta experiencia no solo resulta motivadora, sino que también traza un camino claro hacia la comprensión de tu propósito de vida.

APLICACIONES

Después de explorar en el "Por qué" el origen clásico de este tema de tanta actualidad, centrándonos en la práctica clásica del estoicismo como una herramienta de automotivación vital, hemos abordado a un referente inicial, Marco Aurelio, destacando su enfoque en la automotivación imperial.

Además, hemos analizado cómo esta mentalidad se adapta a los desafíos del siglo XXI para sumergirnos después en la práctica personal con "Mis Meditaciones".

En la sección "QUÉ", se aborda la automotivación desde hitos y mitos, como los ejemplos de Michelangelo y Walt Disney. Se proponen prácticas como "Soy mi propio referente" y "VAGADA", explorando la motivación trascendente y la importancia del hábito y la admiración. En la sección "CÓMO", exploramos las fuentes de automotivación, enfocándonos en las internas como nosotros mismos, nuestros valores y la M.E.T.A.

Abordar estas cuestiones desde una perspectiva práctica se vuelve esencial porque te permitirá, traducir los conceptos teóricos en acciones tangibles en tu vida cotidiana. Las aplicaciones prácticas son valiosas porque ofrecen herramientas concretas para cultivar la automotivación, transformando las ideas en acciones significativas. A través de prácticas como anteriormente referidas, puedes experimentar y aplicar activamente los principios de automotivación, convirtiendo el conocimiento en cambio real y sostenible. En resumen, ahora nos sumergiremos en la esencia misma de cómo aplicar estos conceptos para enriquecer nuestras vidas.

Realizar prácticas de automotivación va más allá de simplemente entender las teorías sobre este tema y se convierte en una herramienta esencial para el desarrollo personal y el bienestar. Aquí hay algunas razones fundamentales por las cuales la práctica de la automotivación es crucial:

1. **Transformación del conocimiento en acción:**
   - Teorías vs. Acciones Tangibles: Las teorías de automotivación pueden proporcionar conocimientos valiosos, pero la práctica convierte esos conocimientos en acciones concretas. La ejecución de prácticas permite traducir las ideas abstractas en comportamientos reales, generando cambios palpables en la vida cotidiana.

2. **Aplicación personalizada:**
   - Adaptación a la Experiencia Individual: Cada persona es única, con circunstancias y desafíos específicos. Las prácticas permiten a cada individuo adaptar las teorías de automotivación a su propia vida, incorporando elementos que resuenen con su experiencia personal y valores.

3. **Desarrollo de hábitos positivos:**
   - Construcción de Hábitos Duraderos: La práctica sostenida de automotivación contribuye a la formación de hábitos positivos. Estos hábitos no solo refuerzan la motivación a corto plazo,

sino que también crean una base para el éxito continuo y el bienestar a largo plazo.

4. **Experimentación activa:**
   - Aprendizaje a Través de la Experiencia: Las prácticas ofrecen la oportunidad de experimentar directamente cómo ciertas estrategias afectan la propia motivación y bienestar. La experimentación activa permite ajustar y perfeccionar en función de lo que se adapte mejor para cada persona.
5. **Integración en la vida diaria:**
   - Aplicabilidad Práctica: Las teorías de automotivación pueden parecer teóricas si no se integran en la vida cotidiana. Las prácticas ofrecen herramientas concretas que se pueden incorporar fácilmente en la rutina diaria, haciendo que la automotivación sea una parte natural y efectiva de la vida.
6. **Superación de obstáculos reales:**
   - Enfrentamiento de Desafíos Prácticos: La vida está llena de desafíos y obstáculos. Las prácticas de automotivación proporcionan una vía para abordar estos retos de manera práctica, ofreciendo estrategias específicas para superar momentos difíciles y mantener la motivación.

En resumen, la práctica de la automotivación va más allá de la comprensión teórica, al proporcionar un marco tangible para la implementación de estrategias motivacionales en la vida diaria. La acción repetida y la adaptación personalizada son elementos clave para convertir las teorías en una herramienta efectiva para tu crecimiento personal y el logro de tus metas.

Veamos algunas aplicaciones prácticas generadas a través del establecimiento de metas y del manejo de la energía.

Prácticas personales

Práctica 1: La M.E.T.A.

Objetivo:

Proporcionar una dirección clara y específica para el esfuerzo y la acción. Una meta representa un logro deseado o un resultado que una persona o un grupo se esfuerza por alcanzar.

Desarrollo:

Comenzamos abordando la tarea fundamental de establecer una meta. Para comprender mejor el ciclo motivacional asociado con la búsqueda de un logro específico, examinamos cómo se desarrolla este ciclo cuando nos proponemos alcanzar un objetivo que requiere nuestra atención y enfoque para evaluar nuestro progreso.

Cada meta tiene su origen en una necesidad no satisfecha. Cuando nos planteamos avanzar hacia su logro, experimentamos un impulso que nos lleva a emprender acciones. Estas acciones, si generan resultados positivos, se convierten en un incentivo que motiva nuestro continuo avance, dando lugar a la repetición del ciclo. Con cada repetición, el aprendizaje acumulado mejora la eficacia de nuestros comportamientos. Este proceso se representa gráficamente de la manera que se ve en la figura 17.

Una meta representa aquello que aspiramos alcanzar, la dirección hacia la cual orientaremos nuestras acciones. La manera en que la definimos y planificamos ejercerá una poderosa influencia sobre los comportamientos que adoptamos, constituyendo un estímulo significativo para lograr su consecución. Por esta razón, resulta crucial la forma en que la expresemos para que posea la fuerza deseada y, sobre todo, se traduzca en un enunciado eficaz. La definición de una meta debe encapsularse en su formulación:

CICLO MOTIVACIONAL
Necesidad
Impulso
Acción
Meta

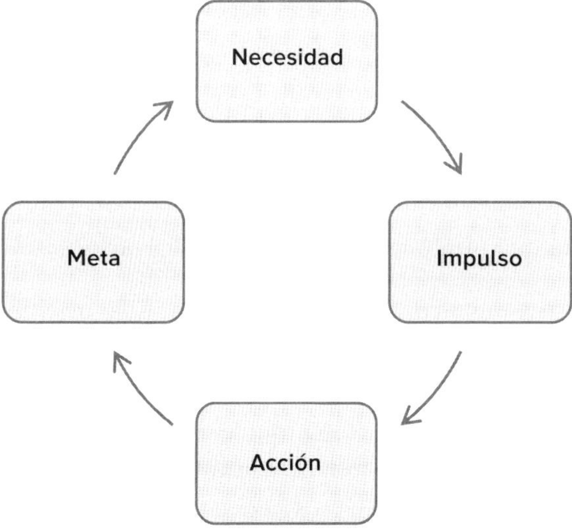

Figura 17.

Fuente: Imagen propia: Olga Cañizares.

DEFINICIÓN DE UNA META
Medible
Específica
Tangible
Alcanzable

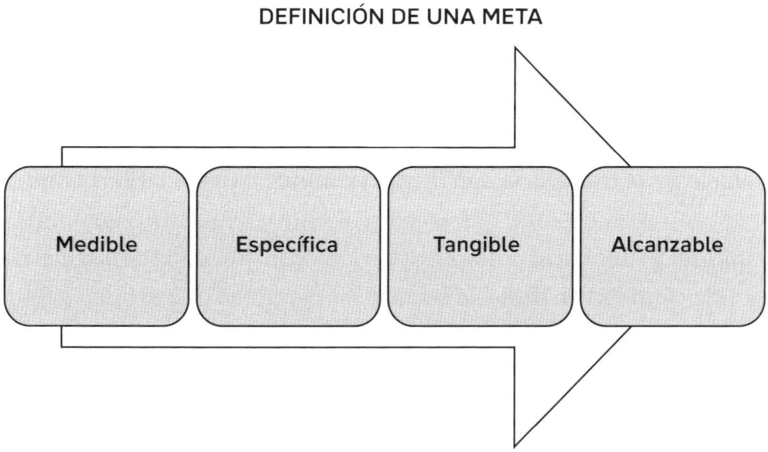

Figura 18. Definición de una M.E.T.A.

Imagen propia: Olga Cañizares.

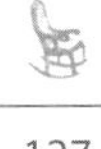

Transitar de lo genérico a lo específico se traduce en un mayor compromiso. El enunciado "Quiero hacer deporte" carece de fuerza al no superar los filtros fundamentales que hemos planteado:

- ¿Cuándo te propones hacer deporte?
- ¿Qué tipo de actividad física deseas realizar?
- ¿Cómo piensas organizar tu agenda para llevar a cabo esta meta?
- ¿Hasta qué punto te sientes capaz de lograrlo?

Definir una meta concreta y específica no solo orientará nuestro cerebro hacia estrategias claras para alcanzarla, sino que también resulta esencial que incluya una fecha límite y posibilidades de medición de progresos. La meta, como fuente de automotivación, focaliza nuestra atención en la tarea, moviliza nuestra energía y activa la capacidad para identificar los recursos necesarios. Compartir el compromiso con personas de nuestro entorno, quienes puedan ofrecer apoyo y colaboración, contribuirá significativamente al aumento de nuestro nivel de compromiso.

Ahora, exploramos el significado de cada una de las características que deben tener nuestras metas:

MEDIBLE: Implica la posibilidad de cuantificarla, expresarla en términos numéricos, longitud, extensión o volumen. Debemos permitir establecer la frecuencia con la que llevamos a cabo ciertos comportamientos o acciones que nos acercan al logro de nuestra meta. En el ejemplo de querer hacer deporte, deberíamos incluir en la definición de la meta la cantidad de días a la semana o la cantidad de partidos, según el caso de un deporte en equipo.

ESPECÍFICA: Este término implica que la meta se caracteriza por ser única y se distingue claramente de otras. Debe circunscribirse a algo concreto e incluir acciones específicas. En el contexto de nuestra discusión, se trata de seleccionar el tipo de deporte que se desea practicar e incorporarlo de manera explícita en la definición de la meta.

TANGIBLE: Este concepto se refiere a aquello que definimos como meta pueda ser observado y percibido a través de los sentidos. Su origen etimológico proviene del latín "tangibilis", que significa "que se puede tocar". Al optar por un deporte específico, tendremos la capacidad de observar y percibir los movimientos físicos que realizamos al practicarlo.

ALCANZABLE: Esta característica implica que, al definir nuestra meta, debemos tener la sensación de que es susceptible de ser alcanzada. Debe ser un objetivo realista y alcanzable con la actitud y la disciplina adecuadas.

Considerando estas características, propongamos la definición de una meta relacionada con la intención de hacer deporte: "Mi meta es correr cinco kilómetros tres veces a la semana al aire libre".

Al someterla al filtro:

- Es MEDIBLE: Define la frecuencia y la distancia, permitiendo cuantificar en qué medida se logra.
- Es ESPECÍFICA: Incluye el tipo de deporte específico, en este caso, correr.
- Es TANGIBLE: Permite observar y percibir la actividad física al aire libre.
- Es ALCANZABLE: Con la actitud y disciplina adecuadas, es susceptible de ser alcanzada.

Ahora, te invitamos a que plantes tu propia META que cumpla con estas características.

Práctica 2: La hucha de logros

Una "hucha de logros" es una herramienta visual y tangible utilizada para motivar y recompensar el progreso hacia metas específicas.

Objetivo:

Proporcionar un estímulo adicional para alcanzar objetivos establecidos, especialmente en el ámbito de los logros personales, metas de desarrollo o tareas específicas. Suele ofrecer una representación tangible y visible del progreso realizado hacia una meta o de los resultados obtenidos en un plan. Esto puede estimular un sentido de logro y motivar a seguir trabajando hacia el objetivo con un refuerzo positivo.

Desarrollo:

Nuestro cerebro requiere estímulos para formar hábitos de progreso y para capitalizar nuestras experiencias emocionales. El reconocimiento de nuestros logros genera una agradable emoción que nos inunda de energía y vitalidad. De alguna manera, al reconocer nuestros esfuerzos para alcanzar lo que deseamos, admitimos haber empleado un esfuerzo significativo. Además, valida nuestras actitudes y habilidades esenciales para lograr nuestras metas.

Por otro lado, la conciencia de nuestros logros eleva nuestra autoestima y confianza en uno mismo, contribuyendo a reducir el estrés y la ansiedad. Esta práctica nos permite acumular la experiencia que nos rodea, lo cual, en momentos menos favorables, nos infunde la confianza de que podemos avanzar, ya que lo hicimos con éxito anteriormente.

La retroalimentación positiva derivada de este proceso es lo que nos lleva a crear nuestra "Hucha de Logros". Consiste en asignar un objeto (una urna, una caja, un cuenco), un espacio (un documento diseñado para este fin) para almacenar explícitamente (a través de post-its, anotaciones) y registrar cada uno de los logros obtenidos. Esta práctica puede llevarse a cabo diariamente, semanalmente o cada vez que sentimos que hemos alcanzado nuestras metas propuestas.

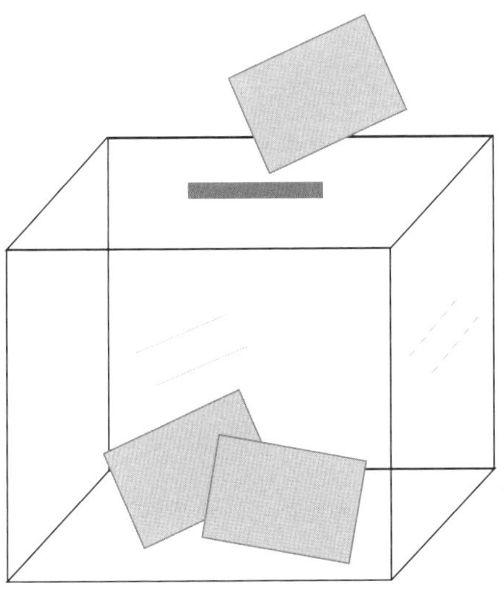

Figura 19. La hucha de logros.

Imagen propia: Olga Cañizares.

No es necesario que sean gestas monumentales; simplemente deben ser logros en los que reconocemos haber invertido energía y disciplina. Por ejemplo, hoy logré completar el informe que me propuse para esta semana, mantuve una rutina de ejercicio diario durante toda la semana y resolví una cuestión fiscal pendiente.

Reflexiona:

¿Cuántos logros alcanzas a diario que pasan desapercibidos para ti mismo?

Motivación y energía

A menudo asimilamos la motivación a la energía. En el lenguaje cotidiano se entiende que alguien que se activa, que siente un impulso hacia la acción, en definitiva, que experimenta energía, está motivado. En este exploraremos cómo comprender mejor la energía desde diferentes perspectivas para mayor capacidad de manejo.

Vamos a compartir una serie de prácticas precedidas de algunas definiciones que nos ayudar a manejar el ¿Cómo?

Energía:

En el contexto de la motivación, la energía se refiere a la fuerza interna o vitalidad que impulsa a una persona a emprender una tarea o perseguir un objetivo. La fuente de esta energía puede variar y proviene tanto de factores internos, como valores, intereses y aspiraciones, como de factores externos, como el apoyo social, las recompensas y el reconocimiento. La energía de motivación es un combustible que impulsa la acción y desempeña un papel crucial en la consecución del éxito y el logro de objetivo.

Energía accionable:

Es la energía disponible en cada momento para pasar a la acción sin resistencia, es decir, sin tener que hacer acopio de enormes dosis de disciplina. Varia principalmente según el contexto y la situación en la que estemos. Entender con qué actividades me siento más capaz, es decir, las que elevan mi energía accionable es un primer paso.

Práctica 3: Familiarizándome con mi energía accionable

Objetivo:

Esta práctica está diseñada para familiarizarnos de forma introspectiva con nuestra *energía accionable* en diferentes situaciones de la vida cotidiana, para así emplearla mejor y aprender a modificarla según nuestras necesidades y objetivos en cada momento.

¿Qué te llevarás de esta práctica?

1. Consciencia de las fuentes de tu energía.
2. Foco en las fluctuaciones cotidianas de tu motivación.
3. Integración de la gestión de tu energía en tu bienestar.

Indicaciones:

1. Para hacer esta práctica, te recomendamos que utilices papeles de colores adhesivos, escribiendo en cada uno una única situación, habitual o más excepcional de tu vida en los últimos tiempos, aquí tienes algunos ejemplos:

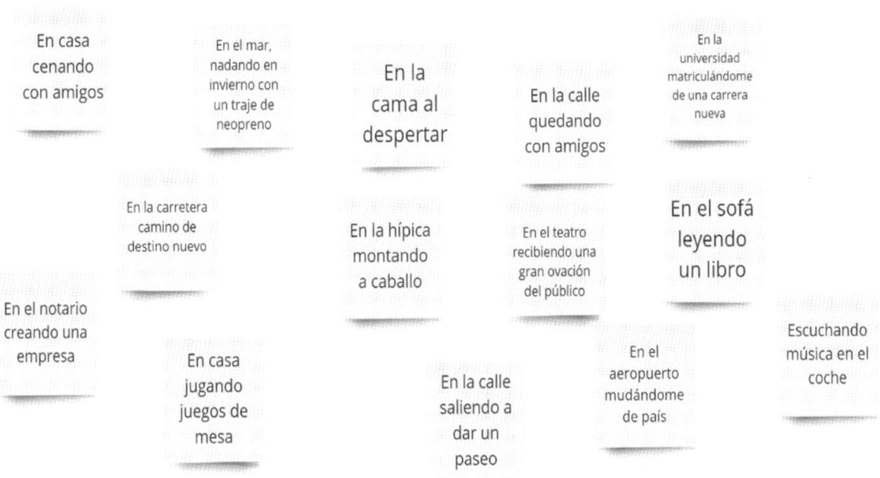

2. Ordena estas situaciones en función cuanta energía te aportan, de más a menos:

En el aeropuerto mudándome de país ________

Escuchando música en el coche ________

En la calle quedando con amigos ________

En el mar, nadando en invierno con un traje de neopreno ________

En la universidad matriculándome de una carrera nueva ________

En casa cenando con amigos ________

En el notario creando una empresa ________

En la carretera camino de destino nuevo ____________

En la calle saliendo a dar un paseo ____________

En la hípica montando a caballo ____________

En el teatro recibiendo una gran ovación del público ____________

En casa jugando juegos de mesa ____________

En el sofá leyendo un libro ____________

En la cama al despertar ____________

1. Realiza el ejercicio de forma individual.
2. Comparte con un amigo, tu pareja, un grupo y comenta la experiencia.

Para seguir aprendiendo, pregúntate:

- ¿Qué te ha sorprendido?
- ¿Qué opciones te ha aportado el ejercicio sobre nuevas actividades que podrías añadir a tu rutina y que elevan tu energía accionable?
- ¿Cómo se encuentra tu energía después de haber hecho el ejercicio? ¿Mas alta o más baja que antes de hacerlo?

Hemos aprendido que escuchar y cuidar nuestro nivel energético es esencial para la automotivación y poder afrontar los desafíos diarios. A continuación, te proponemos un breve resumen para superar resistencias comunes.

Establece metas: Es una forma efectiva de mantener la motivación. La claridad en la meta reduce la resistencia inicial y tiene todas las ventajas que anteriormente hemos compartido.

Descubre tus pasiones: Encuentra actividades que realmente disfrutes. La energía fluye con la pasión.

Crea una red de apoyo: Rodéate de personas que te inspiren y apoyen en tus metas.

Cultiva la resiliencia: Enfrenta los fracasos como oportunidades de aprendizaje. Si te encuentras desanimado ante un proyecto que no salió como esperabas, reflexiona acerca de lo que puedes hacer diferente.

Celebra los pequeños logros: Reconoce y celebra tus éxitos, todos.

Visualiza el éxito: Imagina el logro de tus metas para superar la resistencia inicial. Si estás procrastinando en comenzar un proyecto, visualiza el resultado final y cómo te sentirás al completarlo. La visualización positiva puede convertirse en un impulso energético poderoso.

Al aplicar estos consejos prácticos y superar las resistencias específicas, estarás mejor preparado para mantener tu capital energético. Escucha esa ilusión que brota con la energía.

Prácticas sistémicas

¿Sistémico?

El pensamiento sistémico es un poderoso enfoque que se ha convertido en una herramienta fundamental para abordar lo humano de manera holística y efectiva. En su esencia, el pensamiento sistémico considera que toda relación (una familia, una comunidad, un equipo, una pareja) es un sistema complejo compuesto por partes interconectadas. Para comprender y mejorar dicha relación, es necesario observarla en su totalidad, en lugar de centrarse únicamente en sus elementos.

¿Y qué relación existe entre automotivación y pensamiento sistémico?

Conciencia de objetivos y propósito:

Automotivación: impulsa a las personas a establecer metas y objetivos personales. Está arraigada en la comprensión de lo que uno quiere lograr y por qué es importante. La automotivación surge de una profunda conexión con un propósito o un objetivo personal.

Pensamiento sistémico: también implica un enfoque en objetivos y propósito, desde una perspectiva más amplia. Busca comprender cómo las metas individuales se relacionan con los objetivos de un sistema mayor. El pensamiento sistémico ayuda a identificar cómo el logro de objetivos personales puede contribuir al bienestar del sistema en su conjunto.

Resolución de problemas y toma de decisiones:

Automotivación: La habilidad para mantenerse motivado ayuda a encontrar soluciones creativas y perseverar cuando se presentan dificultades.

Pensamiento sistémico: facilita la identificación de las interconexiones entre los distintos elementos de un sistema. Cuando se enfrentan, la perspectiva sistémica permite considerar las diferentes soluciones y tomar decisiones informadas que beneficien a todo el sistema, en lugar de soluciones aisladas que podrían tener efectos ocultos no deseados.

Adaptación y aprendizaje continuo:

Automotivación: se asocia con la disposición a aprender y adaptarse. Las personas automotivadas buscan constantemente mejorar sus habilidades y conocimientos para alcanzar sus objetivos.

Pensamiento sistémico: es sinónimo de mentalidad de aprendizaje y mejora continua, los sistemas evolucionan y cambian en permanencia y a la vez buscan su bienestar.

En resumen, cuando se combinan automotivación y pensamiento sistémico se obtiene una poderosa perspectiva para abordar desafíos complejos y lograr un impacto significativo en el entorno y en el desarrollo personal.

Un marco teórico y numerosas fuentes

Aunque el pensamiento sistémico se nutre de numerosas fuentes, destacamos dos perspectivas, una fundacional, otra de mucha actualidad en la gestión del cambio y animamos a su profundización:

Teoría General de Sistemas (TGS): Desarrollada por Ludwig von Bertalanffy[1] en 1928, proporciona un marco conceptual para entender las organizaciones como sistemas abiertos. La TGS subraya la importancia de considerar las interacciones y relaciones entre las partes de un sistema, así como su entorno, para comprender cómo funciona en su totalidad.

Pensamiento de Diseño (*Design Thinking*): se basa en la empatía, la colaboración y la comprensión profunda de los problemas antes de proponer soluciones.

Ejemplo de herramienta de pensamiento sistémico aplicado a un proyecto:

> Mapas Cognitivos (Causal Loop Diagrams): Los mapas cognitivos son una herramienta gráfica que permite visualizar las relaciones causales. Se utilizan para identificar los bucles de retroalimentación positiva y negativa que pueden influir. Por ejemplo, si una empresa quiere comprender por qué está experimentando una alta rotación de empleados, podría crear un mapa cognitivo que muestre cómo factores como la falta de desarrollo profesional, la sobrecarga de trabajo y la falta de reconocimiento pueden estar interconectados. Este análisis sistémico ayuda a la empresa a tomar medidas más efectivas para abordar el problema en su conjunto, en lugar de abordar solo una de las causas de manera aislada.

1. Karl Ludwig von Bertalanffy (Viena, 19 de septiembre de 1901 - Búfalo (Nueva York), 12 de junio de 1972) fue un biólogo y filósofo austríaco, reconocido fundamentalmente por su teoría de sistemas.

En conclusión, el pensamiento sistémico es un enfoque valioso, ya que permite comprender la complejidad de las relaciones y tomar decisiones más informadas.

Se trata de mirar para ver lo invisible. Adquirir una visión sistémica es dotarse de otra mirada para otro mundo, más colaborativo, más consciente de las relaciones, más preparado para encontrar sentido y propósito, más automotivado.

Herramientas de automotivación sistémica

A continuación, compartimos una selección de las herramientas de automotivación sistémica que más han entusiasmado los equipos que hemos acompañado:

Team Canvas Motivacional

Propósito: Alineamiento y gestión de una motivación común.

Origen y uso:

El Team Canvas es una herramienta ampliamente utilizada en entornos de innovación y colaboración para ayudar a los equipos a comprender y mejorar su dinámica de trabajo. Se basa en la idea de que un equipo automotivado conoce sus mecanismos relacionales. El Team Canvas fue desarrollado como una respuesta a la necesidad de visualizar y discutir de manera estructurada. Se diseñó específicamente para equipos multidisciplinarios y creativos que buscan llevar a cabo proyectos de innovación.

A continuación, os proponemos una adaptación a ámbitos familiares y de ocio. Seguid las instrucciones detalladas sobre cómo rellenar un Team Canvas para aprovechar su potencial.

Instrucciones:

Materiales necesarios:

- Un lienzo o pizarra grande.
- Marcadores o post-its de colores.
- Tiempo para la discusión en equipo.

Pasos:

Se comienza el encuentro presentando el propósito del Team Canvas. Se comenta la importancia de comprender la dinámica para hallar y mantener la motivación.

Miembros del equipo:

Se enumera a todos los miembros en el centro del lienzo.

- **Valores compartidos:**

  Se pide que todos identifiquen y anoten los valores que comparten, primero individualmente y posteriormente con alguna dinámica de puesta en común.

- **Metas y objetivos:**

  Se establecen y consensuan plazos y resultados medibles.

- **Desafíos y obstáculos:**

  Esto facilita la identificación de problemas potenciales y aísla la fuente de posibles desmotivaciones.

- **Comunicación y Colaboración:**

  Se establece reglas claras que eviten desgastes innecesarios.

- **Habilidades y recursos:**

  Es muy productivo en caso de experiencias anteriores comunes, definir cúales fueron los utilizados en el pasado, como un activo, un capital sistémico.

- **Plan de acción:**

  Se formalizan pasos concretos para lograr los objetivos.

- **Revisión y actualización:**

  Es el paso de conclusión de la sesión que cimienta la necesidad de evaluar el progreso y la realización de los ajustes según sea necesario.

Añadimos un apartado específico para la automotivación:

- **Energía: ¿qué nos da energía?**

  El Team Canvas es una herramienta dinámica que puede adaptarse a las necesidades específicas de cada momento y situación.

Figura 20. Team Canvas.

Fuente: Cristina Miaja - Adaptación propia.

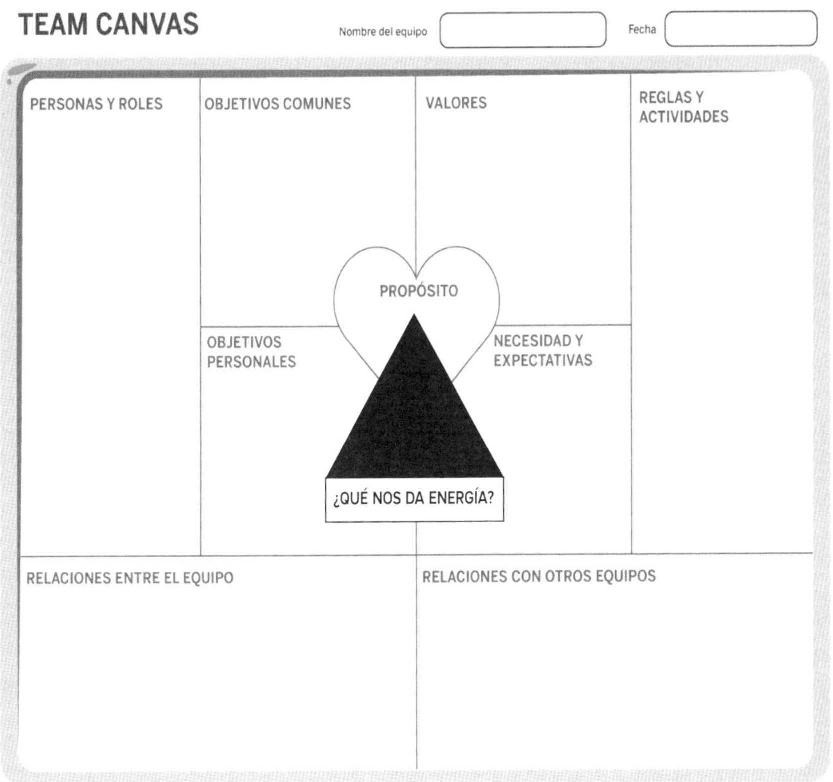

www.theteamcanvas.com

Tetralema

Propósito: Toma de decisión con mayor claridad motivacional.

El tetralema es una herramienta de origen filosófico que se utiliza para abordar situaciones complejas o dilemas éticos, analizando las posibles soluciones desde cuatro perspectivas diferentes. Tradicionalmente se ha utilizado en la filosofía budista y china, puedes adaptarla para abordar problemas y tomar decisiones en tu vida.

En gran parte la motivación **proviene de la claridad y la confianza en tus decisiones**. Al utilizar el Tetralema, puedes tomar acciones más informadas y conscientes. Saber que has considerado diferentes ángulos te dará más seguridad en tu elección y te motivará para seguir adelante.

Indicaciones:

- **Identificar el problema o dilema:**

  El primer paso es reconocer la situación o el problema que te preocupa y que requiere una toma de decisiones o una acción. Esto puede ser cualquier cosa, desde dilemas personales hasta desafíos en tu carrera o vida cotidiana.

- **Definir las cuatro perspectivas:**

  Positiva: Considera la perspectiva positiva, es decir, cómo podría ser una solución beneficiosa para ti o para otros. Piensa en los aspectos favorables y las posibles ventajas que se derivarían de esta opción.

  Negativa: Ahora, considera la perspectiva negativa, es decir, los posibles inconvenientes, desventajas o consecuencias no deseadas de esta opción. Reflexiona sobre los posibles riesgos o efectos negativos.

  Neutral: Desde una perspectiva neutral, trata de evaluar la opción de manera imparcial y objetiva. Examina los hechos, datos y evidencias relacionados con la decisión sin juicios personales.

Alternativa: Por último, identifica una perspectiva alternativa, que es una opción o camino completamente diferente al problema en cuestión. Esto te permite explorar soluciones creativas y pensar fuera de lo convencional.

Reflexiona y compara las cuatro perspectivas y analiza cómo se relacionan entre sí. Pregúntate a ti mismo cómo se solapan o se excluyen mutuamente. Puede ser útil hacer una lista de pros y contras para cada perspectiva.

Toma una decisión informada: **Utiliza las reflexiones obtenidas de las cuatro perspectivas para tomar una decisión informada: la quinta posición, la meta posición**, una perspectiva privilegiada que permite observar la situación desde fuera y ganar capacidad de acción. Puedes optar por seguir una de las perspectivas, combinar elementos de varias de ellas o buscar una solución completamente diferente que tenga en cuenta las diversas consideraciones.

Recuerda que el tetralema no garantiza una solución perfecta, pero te proporciona un enfoque sistemático para abordar problemas y tomar decisiones. Puede ayudarte a sentirte más capacitado para actuar e impulsar la gestión de tu motivación y la del grupo para enfrentar los desafíos en tu vida.

Figura 20. La quinta posición.

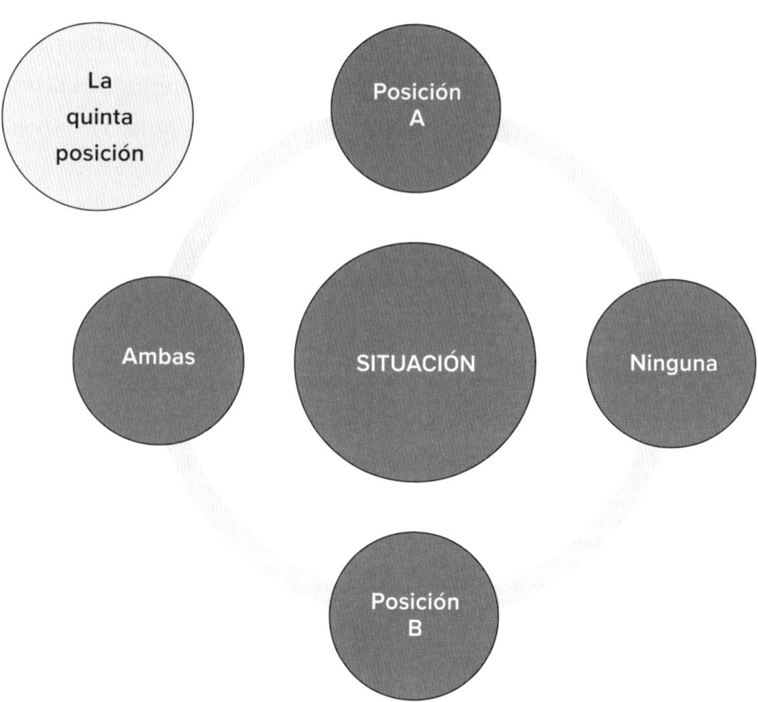

Imagen propia: Olga Cañizares.

Las 4 preguntas de la automotivación

Objetivo: Toma de consciencia personal y sistémica.

Immanuel Kant[2] formuló cuatro preguntas fundamentales que son clave en la filosofía moral. Nos permiten un análisis de nuestra motivación transcendente y la de nuestro entorno. Estas preguntas, conocidas como "Las Cuatro Preguntas Kantianas", son:

1. ¿Qué puedo saber?
   ¿Qué es posible conocer acerca de una situación, un proyecto?
2. ¿Qué debo hacer?
   ¿Cuál es nuestra responsabilidad?
3. ¿Qué puedo esperar?
   ¿Qué es anticipable como resultado de nuestras acciones?
4. ¿Qué es el ser humano?
   ¿Qué supone ser miembro de una comunidad?

Estas preguntas conforman nuestra racionalidad y ética, pueden ayudar a profundizar sobre la automotivación de la siguiente manera:

¿Qué puedo saber? esta pregunta nos lleva a reflexionar sobre lo que sabemos acerca de nosotros mismos, nuestras metas, deseos y valores.

Ejemplo de respuesta: Sé que me cuesta ir a trabajar, que estoy muy triste los domingos por la tarde, sé que siento energía cuando tengo un rato para escribir y que ese el momento de real disfrute en la semana.

2. Immanuel Kant (Königsberg, Prusia; 22 de abril de 1724 - Königsberg, Prusia; 12 de febrero de 1804) fue un filósofo prusiano de la Ilustración. Fue el primero y más importante representante del criticismo y precursor del idealismo alemán.

¿Qué debo hacer? - Aquí, Kant nos insta a considerar cuál es nuestro deber moral en relación con una situación, también podemos aplicar la pregunta a nuestra automotivación. ¿Debemos buscar la automotivación como un deber para mejorar nuestras vidas y alcanzar nuestras metas? ¿Cuáles son nuestras responsabilidades hacia nosotros mismos en términos de automotivación?

Ejemplo de respuesta: Cuando paso un día sin escribir siento que me he fallado a mí misma, siento que debo darle prioridad en mi rutina, debo privilegiar ese momento en el día antes de cualquier otra actividad fuera del trabajo.

¿Qué puedo esperar? - Esta pregunta nos lleva a pensar en las consecuencias de nuestras acciones y de su impacto sistémico.

Ejemplo de respuesta: Con foco en la escritura, mi entorno percibirá mi vocación, tendré textos listos y los podré presentar en los concursos literarios.

¿Qué es el ser humano? - Kant nos invita a reflexionar sobre nuestra naturaleza como seres morales y racionales. En el contexto de la automotivación, esto nos lleva a explorar nuestra condición como una posibilidad creativa.

Ejemplo de respuesta: Con la práctica de la escritura integrada a mi vida me sentiré más pleno y más motivado, estaré en medida de mayor contribución con mi entorno.

Las Cuatro Preguntas Kantianas son un marco útil para reflexionar sobre la automotivación, para examinar lo que sabemos sobre nosotros mismos, nuestras responsabilidades morales, las consecuencias de nuestras acciones y cómo nuestra naturaleza influye en nuestra capacidad para motivarnos a nosotros mismos. Nos proporcionan una base sólida para el desarrollo de una automotivación ética y efectiva.

CONCLUSIONES MOTIVACIONALES

Culminar un proyecto es fuente potencial de motivación para el siguiente. El compromiso honrado y una meta superada, en nuestro caso escribir este libro, generan un acopio de recursos para futuros desafíos.

Con el punto final que estamos a punto de dar, cumplimos el sueño de un libro escrito a cuatro manos y queremos que nuestra experiencia ilustre las luces y sombras que acompañan la mayoría de los retos.

Hemos ido identificando los frenos y los aceleradores en este viaje donde la automotivación ha sido crucial. Anímate a seguir una práctica similar para aprender más acerca de ti, descubrir cómo puedes superar obstáculos y evitar desgastes innecesarios para tu automotivación:

FRENOS	ACELERADORES
Retrasos en el plan de entrega	Ideas creativas
Relecturas	Conversaciones
Correcciones	Mejoras
Desacuerdos	Sorpresas

Elige un proyecto, un desafío en el que estés inmerso y reflexiona acerca de sus frenos y aceleradores.

Busquemos cuidar nuestra motivación, un capital que depende esencialmente de nosotros mismos, dejar tan importante asunto

exclusivamente externas es entregarse a los vaivenes del destino desentendiéndose de:

nuestra responsabilidad primera: hacernos cargo de nosotros mismos.

En última instancia, la conclusión de un proyecto no solo marca el fin de una etapa, sino el comienzo de una nueva travesía. Al escribir las últimas líneas de nuestro libro, entendemos que este no es solo un punto y aparte, sino un punto y seguido en nuestra búsqueda de crecimiento. Esta colaboración confirma que más allá de los obstáculos y las metas cumplidas, la esencia de cualquier proyecto radica en la capacidad de aprendizaje y adaptación, en definitiva, en la relación, en su capacidad creativa, en su impulso vital.

Mirando hacia el futuro, es importante reconocer que el cuidado de nuestra motivación es una inversión a largo plazo en nuestro bienestar. De esa manera, nos proclamarnos los arquitectos de nuestra propia inspiración, no solo abrazamos nuestra humanidad, sino que también afirmamos, a sabiendas que está condicionada, nuestra influencia sobre la dirección que tomamos en la vida.

Al cerrar este proyecto, queremos recordar las palabras de Hermann Hesse en su obra *El lobo estepario*[1]: "Cada camino, siguiéndolo hasta el final, lleva al mismo lugar, que es a ningún lugar". Esta reflexión nos invita a entender que el final de un camino marca el inicio de otro, y en esa continuidad encontramos la riqueza de la experiencia humana. También es un recordatorio de que, en nuestra travesía, no estamos solos, sino conectados con la rica tradición de aquellos que exploran las complejidades de la existencia, de la creatividad y de la automotivación.

Con un pie en el pasado y otro en el futuro, cerramos este manual como una modesta parte de una amplia narrativa que sigue escribiéndose acerca de la automotivación, esperamos haber contribuido en animaros a ser sus protagonistas.

1. Hesse H., (2017). *El lobo estepario*, Createspace Independent.

DICCIONARIO MOTIVACIONAL

A continuación, compartiremos un breve "**diccionario motivacional**" que nos permita manejar el vocabulario y los conceptos principales, al expandir nuestro lenguaje de automotivación, ganamos en su gestión. Será difícil automotivarse de manera sostenible si uno no invierte algo de tiempo e interés en buscar modelo con el que más conecte. Encontrarás definiciones y un breve repaso de las principales teorías acerca de la motivación.

Autodeterminación:

Desarrollada principalmente por Edward L. Deci y Richard M. Ryan[1], la teoría de autodeterminación enfatiza la importancia de las necesidades psicológicas básicas de autonomía, competencia y relación en la motivación intrínseca y la extrínseca.

Cabe destacar otro autor importante: Csikszentmihalyi, quien desarrolló la teoría del flujo (*flow*). El estado flow se vincula a la automotivación al brindar una vivencia intrínsecamente gratificante y satisfactoria, describe una experiencia donde una persona se encuentra completamente inmersa y concentrada en una actividad.

1. Deci, E. L., & Ryan, R. M. (1985). *Motivación intrínseca y autodeterminación en el comportamiento humano*. Plenum Press.

Sus componentes incluyen claridad de metas, retroalimentación inmediata, sensación de control, concentración intensa, disolución de la autoconciencia y distorsión del tiempo, generando un sentimiento de plenitud y expansión. Este estado se alcanza cuando el nivel de habilidad de la persona coincide con el nivel de desafío de la tarea, creando un equilibrio entre competencia y reto. Cuando una persona se encuentra en este estado, vive una experimenta que alimenta su motivación intrínseca, la anima a continuar participando en ella y a comprometerse con actividades similares, fomentando así la automotivación continua

Autoeficacia:

La creencia en la propia capacidad para lograr metas y superar desafíos es esencial para la automotivación. Las personas con alta autoeficacia tienden a persistir en sus esfuerzos, incluso cuando se enfrentan a dificultades. El trabajo de Albert Bandura[2] ha sido fundamental para comprender cómo la creencia en la propia capacidad afecta la automotivación y el rendimiento. Su investigación ha influido en el campo de la automotivación y la autorregulación.

Automotivación:

Definición psicológica tradicional: La automotivación es la capacidad de una persona para motivarse a sí misma sin necesidad de estímulos externos. Se basa en la autodisciplina y la autorregulación. La teoría del refuerzo positivo y negativo de B.F. Skinner[3] también se relaciona con la automotivación.

---

2. Bandura, A. 2009. Autoeficacia. *Cómo afrontamos los cambios en la sociedad actua*l. Biblioteca de Psicología.
3. Burrhus Frederic Skinner (Susquehanna, Pensilvania; 20 de marzo de 1904 - Cambridge, Massachusetts; 18 de agosto de 1990) fue un psicólogo, filósofo social, inventor y autor estadounidense. Condujo un trabajo pionero en psicología experimental y defendió el conductismo, que considera el comportamiento como una función de las historias ambientales de refuerzo.

Perspectiva cognitiva:

La automotivación implica la autorregulación cognitiva, donde una persona establece metas y utiliza estrategias de pensamiento para mantener su compromiso y enfoque.

Desde una perspectiva crítica, es importante reconocer que la psicología y la filosofía han abordado la motivación y la automotivación de manera fragmentada a lo largo de la historia. Cada enfoque tiene sus propias suposiciones fundamentales y limitaciones. Algunas críticas comunes incluyen:

Reduccionismo: La teoría conductista tiende a simplificar la motivación al condicionamiento y al refuerzo, dejando de lado aspectos más complejos de la experiencia humana.

Falta de consideración de lo intrínseco: La perspectiva conductista se centra en recompensas externas, mientras que la teoría de la autodeterminación destaca la importancia de la motivación intrínseca y la satisfacción de necesidades psicológicas más profundas.

Falta de consideración de la ética y los valores: Los enfoques psicológicos a menudo pasan por alto cuestiones éticas y filosóficas, como la naturaleza del bien y el propósito en la vida.

Necesidad de una visión integral: Un enfoque crítico aboga por una perspectiva integral que incorpore múltiples teorías y enfoques para comprender mejor la motivación y la automotivación desde una perspectiva psicológica y filosófica más amplia.

Y esta ha sido nuestra apuesta en este libro que acabas de leer.

Biopsicosociocultural:

El término se utiliza para abordar de manera integral los diferentes aspectos que influyen en la salud y el bienestar de una persona, considera cuatro dimensiones interrelacionadas: biología, psicología, sociología y cultura. Esta perspectiva integradora reconoce que la salud y el bienestar son el resultado de una compleja interacción entre estos cuatro aspectos, y aboga por un enfoque holístico que considera la totalidad de la persona en lugar de fragmentarla en partes independientes. Este enfoque es comúnmente utilizado en campos relacionados con el comportamiento humano.

Caricia emocional:

Es una expresión verbal o una acción que transmite afecto, apoyo y ternura hacia otra persona con el propósito de fortalecer la conexión emocional y el bienestar mutuo. Estas caricias pueden manifestarse de diversas maneras, como abrazos, palabras de aliento, elogios, escucha activa o cualquier expresión que comunique empatía y cuidado. En un sentido más amplio, la caricia emocional contribuye a la construcción de relaciones saludables y a la satisfacción emocional, ya que reconoce y valida las emociones del otro, generando un ambiente de apoyo emocional y comprensión. Este concepto se utiliza para destacar la importancia de expresar afecto y crear conexiones emocionales sólidas.

Establecimiento de metas:

Establecer metas claras y alcanzables es fundamental para la automotivación, velar por una dirección en la vida personal y profesional genera mayor consciencia de los pasos y de la consideración de oportunidades. Edwin A. Locke y Gary P. Latham[4] son autores expertos en la teoría de la fijación de metas. Su investigación ha destacado la importancia de establecer metas para mantener e impulsar una motivación sostenible.

4. Locke, E. A., & Latham, G. P. 1990. *A Theory of Goal Setting & Task Performance*. Prentice Hall.

Metacognición:

Se refiere al proceso reflexivo y consciente mediante el cual una persona monitorea, controla y regula sus propios procesos de pensamiento. Va más allá de simplemente conocer información; implica la autorreflexión sobre los propios procesos cognitivos, tales como la toma de decisiones, la resolución de problemas y la planificación.

Metaposición:

Es la capacidad de adoptar una perspectiva reflexiva y objetiva al evaluar una situación o resolver un problema, supone la habilidad de distanciarse emocionalmente de una experiencia o punto de vista personal y observar desde una perspectiva más amplia, neutral, sistémica. La metaposición implica la capacidad de observar y comprender tanto las propias emociones y pensamientos como los de los demás. Esta habilidad facilita una toma de decisiones más equilibrada y una comunicación más efectiva al permitir la comprensión de las diferentes perspectivas en juego. La metaposición es un concepto clave en la inteligencia emocional y la gestión de conflictos.

Motivación intrínseca vs motivación extrínseca:

La automotivación intrínseca se refiere a la motivación que proviene del interés y la satisfacción personal en una actividad en sí misma, en lugar de depender de recompensas externas.

Mindset:

La noción de mindset o mentalidad ha sido popularizada y estudiada extensamente por la psicóloga de la Universidad de Stanford, Carol S. Dweck, en su investigación sobre los *mindsets* fijos y de crecimiento. En su libro *Mindset: la nueva psicología del éxito*[5], Dweck

5. Dweck, C. S. (2006). Mindset: *La nueva psicología del éxito*. Random House Mondadori.

explora cómo nuestras creencias sobre nuestras propias habilidades y talentos pueden influir significativamente en nuestro éxito y desarrollo. El mensaje es que las habilidades pueden desarrollarse a través del esfuerzo y la dedicación.

Ortopraxis:

La ortopraxis se refiere a la aplicación de principios éticos o morales en la práctica diaria, más allá de simplemente sostener creencias. La noción de ortopraxis tiene raíces conceptuales en la filosofía clásica, especialmente en el pensamiento ético de filósofos como Aristóteles. Destaca la importancia de la práctica virtuosa como medio para alcanzar la felicidad o la vida plena y aboga por la importancia de la práctica constante de virtudes éticas para desarrollar una excelencia moral.

Valencia emocional:

La valencia emocional se refiere a la intensidad y la dirección de una emoción experimentada en respuesta a un estímulo o situación. Puede describirse como positiva, negativa o neutra, reflejando la naturaleza de la experiencia. Esta medida proporciona información sobre el impacto que un estímulo tiene en el estado afectivo de una persona, influenciando su percepción, comportamiento y bienestar emocional general.

REFERENCIAS BIBLIOGRÁFICAS

Aurelio, M. (2012). *Meditaciones*. Taurus.

Ballesteros, I. (2018). *Quiero aprender cómo funciona mi cerebro emocional*. Desclée De Brouwer.

Bandura, A. 2009. *Autoeficacia. Cómo afrontamos los cambios en la sociedad actual.* Biblioteca de Psicología.

Csikszentmihalyi, M. (2008). *Fluir: La psicología de la experiencia óptima*. Harper Perennial Modern Classics.

Csikszentmihalyi, M. (2008). *Fluir en los negocios.* Kairós.

Deci, E. L., & Ryan, R. M. (1985). *Motivación intrínseca y autodeterminación en el comportamiento humano.* Plenum Press.

Dweck, C. S. (2006). Mindset: La nueva psicología del éxito. Random House Mondadori.

Duckworth, A. (2016). *Grit: El poder de la pasión y la perseverancia*. Urano.

Epicteto (2022). *Manual de Vida*. Austral Sabiduría. Ariel.

García, Hector; Miralles, Francesc (2016). *Ikigai: Los secretos de Japón para una vida larga y feliz*. Urano.

Gorman, P. (2004). *Motivation and Emotion*. Routledge.

Goleman, D. (1996). *Inteligencia Emocional*. Kairós.

Han, B. Ch (2012) *La sociedad del cansancio.* Barcelona, Herder.

Holiday, R. (2014). *El obstáculo es el camino: El arte atemporal de convertir las pruebas en triunfos.* Portfolio.

Irvine, W. B. (2009). *Una guía para la buena vida: La antigua arte de la alegría estoica.* Oxford University Press.

Kabat Zinn, J. (2022) *Mindfulness en la vida cotidiana.* Paidós.

Locke, E. A., & Latham, G. P. (1990). *A Theory of Goal Setting & Task Performance.* Prentice Hall.

Marina, J. A. (2015). *La inteligencia ejecutiva.* Barcelona: Editorial Ariel.

Maslow, Abraham H. (1968). *Motivación y personalidad.* Díaz de Santos

Pink, D. (2010). *Drive: La sorprendente verdad sobre lo que nos motiva.* Gestión 2000.

Robertson, D. (2017). *Cómo pensar como un emperador romano: La filosofía estoica de Marco Aurelio.* St. Martin's Press.

Valderrama, B. (2010). *Motivación Inteligente.* FT Prentice Hall.

Seligman, M. E. P. (2011). *Flourish: Una nueva comprensión visionaria de la felicidad y el bienesta*r. Free Press.

Sellars, J., Gragera, A. (2021). *Lecciones de estoicismo.* Taurus.

Séneca (2022). *Cartas a Lucilio.* Austral.

Sinek, S. (2009). *Comienza con el por qué: Cómo los grandes líderes inspiran a todos a tomar acción.* Portfolio.